GOLDMANN
ESOTERIK

Buch

Das Schlafzimmer ist für Frauen ein heiliger Ort der Intimität, der Liebe und der Kraft – zumindest sollte er es sein. Um das Gespür für all die Dinge, die mit dem Schlafzimmer in Verbindung stehen – vor allem für ein Zentriertsein im Körper und ein Genießen der eigenen Sexualität (ob mit einem Partner oder allein) –, wiederzuerwecken, hat die Weise Frau Zsuzsanna für jeden Tag der Woche Tips, Rezepte, Zaubersprüche, Märchen und Geschichten zusammengestellt.

Autorin

Nach der Stadt, in der sie geboren wurde, wählte Zsuzsanna Budapest ihren Künstlerinnennamen. 1956 emigrierte sie nach Kalifornien. Sie ist heute eine der bekanntesten Vertreterinnen der Weisen Frauen in den USA.

Des weiteren sind im Goldmann Verlag erschienen:

Die Göttin im Büro (12238)
Mond-Magie (12200)

Zsuzsanna E. Budapest

Die Göttin im Schlafzimmer

Spirituelle Tips und magische Ideen für die weibliche Sexualität

Aus dem Englischen
von Angelica Dawson

GOLDMANN VERLAG

Die Originalausgabe erschien unter dem Titel
The Goddess in the Bedroom
bei Harper San Francisco

Deutsche Erstausgabe

Umwelthinweis
Alle bedruckten Materialien dieses Taschenbuches
sind chlorfrei und umweltschonend.
Das Papier enthält Recycling-Anteile.

Der Goldmann Verlag
ist ein Unternehmen der Verlagsgruppe Bertelsmann.

Deutsche Erstausgabe

Umschlaggestaltung: Design Team München
Umschlagmotiv: Tizian
Satz: All-Star-Type Hilse, München
Druck: Elsnerdruck, Berlin
Verlagsnummer: 12263
Lektorat: Olivia Baerend
Redaktion: Christine Schrödl
Herstellung: Martin Strohkendl
Made in Germany
ISBN 3-442-12263-5

3 5 7 8 10 8 6 4 2

Ich widme dieses Buch
Nicole Brown Simpson, Lorena Bobbitt,
Marilyn Monroe und all den anderen Frauen,
die im Schlafzimmer gelitten und sich gewehrt
haben – und die dort gestorben sind.

Die Bedeutung des Lebens ist horizontal.

Masika Szilagy, meine Mutter

Ist meine Frau befriedigt,
ist die ganze Welt befriedigt.

Tantrisches Sprichwort

To My Love

Einleitung

Wohin gehst du, wenn du erschöpft bist? Wohin führst du deinen Liebsten/deine Liebste, wenn die Leidenschaft in dir aufsteigt? Wo wirst du aller Wahrscheinlichkeit nach dein Kind empfangen? Wohin ziehst du dich zurück, wenn du dich niedergeschlagen fühlst? Wo ruhst du dich aus, wenn du krank bist, und wo erholst du dich? Wo tankst du nachts neue Lebenskraft? In deinem Schlafzimmer!

Und du tust noch viel mehr in deinem Schlafzimmer. Du wirfst dich in Schale und schmückst dich für die wichtigen Dinge im Leben – für das erste Rendezvous, für deine Hochzeit. Du umhegst und pflegst dich, und hier macht es dir nichts aus, auch mal lächerlich auszusehen, wenn du gerade mit deinem Make-up und deiner Frisur herumprobierst. Hier kleidest du dich neu ein, wirfst die alten Fetzen, die deinen Schrank schon jahrelang blockiert haben, endlich raus. Du schläfst in diesem Raum, spielst, machst Liebe. Und dort weißt du deine Schätze in Sicherheit, die prachtvollen wie auch die ganz intimen.

Die meisten von uns machen an dem Ort Liebe, der uns die höchste Sicherheit gewährt, wo die Gerüche und die Umgebung uns höchst vertraut sind, denn die Intimität der Sexualität ist Teil unserer Verletzlichkeit.

Wir befriedigen uns selbst in unserem Schlafzimmer, weil es dort keinen feixenden Richter gibt. Nur unseren unschuldigen Sex. Hier weben wir auch unsere Liebeszauber, um uns unserer Partner oder Partnerinnen in einer friedvollen, leidenschaftlichen Beziehung sicher zu sein.

Gegenwärtig wird das Schlafzimmer aber nicht nur im oben erwähnten Sinne benutzt. Neuere Studien haben bewiesen, daß zumindest in Amerika die Menschen immer mehr Aktivitäten in ihr Schlafzimmer verlegen. Viele stellen im Schlafzimmer ihren Computer auf, richten hier ihren Arbeitsplatz oder ihre Bibliothek ein. Andere sehen im Schlafzimmer fern. Ich selbst kann nur schwer verstehen, warum sich jemand den Computer ins Schlafzimmer stellt. Vielleicht hat sich jedoch das instinktive Selbst so perfekt an das Computerzeitalter angepaßt, daß die Maschine schon zu einer Erweiterung des Bewußtseins geworden ist. Ich habe zwar in meinem Buch *Die Göttin im Büro* für menschenwürdigere Arbeitsplätze plädiert, aber den Arbeitsplatz ins Schlafzimmer zu verlegen, das geht doch wohl ein bißchen zu weit.

Außerdem brauchst du einen völlig ruhigen, strahlungsfreien Platz zum Schlafen. Versuch also, die Elektronik aus dem Schlafzimmer zu verbannen. Sogar wenn die Geräte außer Betrieb sind, geben sie eine Niederfrequenzstrahlung ab, die Gift für unser Nervensystem ist. Unsere Nervenzellen arbeiten mit tieffrequenten elektronischen Impulsen; dieser Impulsstrom kann jedoch sehr leicht von außen negativ beeinflußt werden. Ist das Gleichgewicht einmal gestört, ist unsere Feinabstimmung außer Kraft. Und es wird für uns schwieriger, zu träumen, heil zu werden, glücklich zu sein.

Ein paar Tips fürs Bett: Richte dein Bett so aus, daß du mit dem Kopf nach Norden liegst, denn das entspricht dem Erdmagnetfeld. Du empfängst dann die Erdströme in deinem Kopf und leitest sie nach Süden. Hänge an die Wand neben deinem Bett einen runden Spiegel. Dieser Spiegel wirkt wie ein ruhiger See, ein runder Mond. Seine Schwingungen werden dir helfen, dich zu entfalten und zu entspannen und stets treu in dein Bett zurückzukehren.

Saubere Leintücher bewirken, daß dein wildes Selbst sich umsorgt fühlt. Wenn du dich selbst umsorgst, fühlst du dich geschätzt, und dein Selbstwertgefühl steigt.

Benutz einen Traumfänger, das ist ein rundes Dekorationsstück aus der indianischen Volkskunst, das dir beim Denken oder beim Erinnern hilft oder bei beidem. Traumfänger müssen aus natürlichen Materialien wie beispielsweise Federn, Wolle oder Garn hergestellt sein. Auch die traditionellen Kränze aus Weizen oder Mais können als Traumfänger verwendet werden. Diese runden Glückstalismane werden an Feiertagen über der Tür angebracht. Sie sind volkstümliche Überbleibsel aus alten, weiblich zentrierten Kulturen, die lange vor dem Christentum existierten.

Zum Schluß solltest du noch einen deiner Lieblingskristalle in eine Zimmerecke stellen, einen Amethyst oder Quarz, um damit die Macht der Erde zu repräsentieren und schlechte Schwingungen abzuwehren.

Wer ist denn nun eigentlich diese Göttin in deinem Schlafzimmer?

Sie ist die Hüterin deines leiblichen Wohls und die Bewahrerin deiner Träume oder Visionen, die dich in eine bessere Zukunft geleiten werden.

Sie ist der gute Geist deiner Vergangenheit, der denkwürdige und heilige Dinge aufbewahrt – die Taschentücher der Mutter, die schon längst gestorben ist, Bilder von Vätern und Söhnen, die noch in diesem Haus leben oder auch nicht. Sie erinnert sich der Gerüche vergangener Tage. Dort, wo du lebst, ist ihr Zuhause.

Die Göttin in deinem Schlafzimmer ist eine völlig private Wesenheit. Sie schützt dich vor deinen Ängsten. Sie ist sogar jetzt anwesend, noch bevor du überhaupt begonnen hast, sie klar zu sehen; denn sie lebt ja bereits in den provisorischen Altären, die du aus den alltäglichen Gegenständen erschaffen hast, die für dich Bedeutung haben. Sie sammelt Groschen oder Pfennige; sie bewahrt die Schlüssel zu längst vergessenen Schlössern auf. Die wenig schmeichelhaften Schnappschüsse, die deine Freunde und Freundinnen auf keinen Fall sehen sollen, sind ihre Bilder; die Bücher, die du gerade liest oder lesen willst, sind ihre Geschichten. Sie liest die Briefe, die du eigentlich noch nicht wegwerfen willst; mit dem Schmuck, den du hier herumliegen läßt, schmückt sie sich.

Der Geist, der diesen Raum beseelt, verbindet dich mit deiner Wildheit, deinem animalischen Selbst, deiner Wilden Frau. Sie gebietet dir, einzuschlummern und deine Selbstkontrolle aufzugeben, ja, deine Fassung zu verlieren. Sie bewirkt, daß du schnarchst, dich hin und her wälzt, dich kratzt, wo's juckt, daß du dich voll Frieden berührst. Sie läßt dich hier auf eine Art deinen Körper erfahren, wie du es sonst nirgendwo kannst. Sie schleicht in den Schattenräumen deines Lebens umher. Sie hält deine Pflanzen sogar dann am Leben, wenn du vergessen hast, sie zu gießen. Sie erhält dir die vertrauten Kuhlen und Einbuchtungen in deinem Bett, damit du am Tagesende wie eine müde Kriegerin wieder hineinsinken kannst.

Die Göttin im Schlafzimmer ist die Wilde Frau in ihrer Höhle. Sie steuert deine rechte Gehirnhälfte – deine Intuition, deine irrationalen Fähigkeiten (das schließt natürlich auch deine Träume mit ein), ebenso deine magische Imaginationskraft. Wenn du sie in Harmonie mit deinen Bedürfnissen und den Mondphasen anrufst, wird sie dir antworten und aktiver werden; sie wird dich mit Energie aufladen, ebenso wie du sie mit Energie versorgst. Die Wilde Frau ist für dein Wohlbefinden, deine Gesundheit, dein Selbstvertrauen und dein sexuelles Verlangen von essentieller Bedeutung. Sie ist dein ursprüngliches Zuhause. Mehr als ein Drittel deines Lebens wirst du in ihrem intimen Nest verbringen.

Dein Schlafzimmer gibt dir auf natürliche Weise Raum für dein Innenleben. In dieser Privatsphäre kannst du beten oder Zauber weben – das ist oft das gleiche. Sogar die Wärme, die in dir aufsteigt, wenn du alte Familienfotos betrachtest, ist eine Art Meditation. Die einen beten vielleicht zu ihren Vorfahren, die anderen wiederum benutzen ganz unterschiedliche Methoden, um sich zu sammeln und den Kontakt mit dem Göttlichen zu vertiefen. Manche nennen sie die Große Mutter; manche finden andere Namen für ihre Gottheit. Es ist das Schlafzimmer, wo sowohl der Geist als auch der Körper die meiste Freiheit genießen können, wo viele Frauen ihre Altäre errichten – echte Altäre, die nur diejenigen sehen, denen erlaubt ist, die Intimität von Körper und Geist einer Frau mit ihr zu teilen.

Es ist nicht jeder Frau, die einen Altar errichtet, klar, daß sie eben das tut. Ein Altar ist ein heiliger Ort für deine meist geehrten Gegenstände, damit du dich verbindest (Religion = Rückverbindung, Anm. d. Übers.): Bilder von verstorbenen Familienmitgliedern, Fotos von deinen Liebsten, die noch am Leben sind, Fotos von deiner geliebten Frau oder deinem geliebten Mann. Manche Frauen errichten einen ganz einfachen Göttinnenaltar mittels eines weißen Tuches auf einer Tischfläche, auf einer Kommode oder einem Bücherregal. Auf diesem Schrein kannst du beispielsweise Göttinnenbilder oder -statuen, die die Lebenskraft symbolisieren, stellen. Du kannst auch frische Blumen als Zeuginnen deiner Präsenz im Alltag auf den Altar stellen. Fühlst du in deiner Seele einen Wunsch aufsteigen, dann kannst du eine Kerze entzünden, damit sie dir hilft, dein neues Ziel zu verwirklichen und dem neuen Bedürfnis nachzukommen. Im Schlafzimmer bittest du deine Wilde Frau, wenn sie entspannt ist, dir bei der Erfüllung deiner Bedürfnisse zu helfen. Du entzündest für alle möglichen Zwecke Kerzen für sie, damit sie für dich daran arbeiten kann, während du schläfst.

Wir beten in der Privatsphäre unseres Schlafzimmers um Schutz für uns selbst und unsere Liebsten, um Wohlstand und um die Kraft, die Härten des Lebens zu meistern. Unser Schlafzimmer wird zu unserem Tempel, zu unserer Kirche, wo wir niemanden brauchen, um für uns einzutreten, außer unser demütiges Selbst. Das alles geschieht in unserem Schlafzimmer. Es bedeutet also eine besondere Ehre, wenn einem anderen Menschen erlaubt wird, dieses innerste Heiligtum zu betreten.

Zuhause ist, wo das gemütliche Bett steht, und während wir ruhen, sind wir unserem ursprünglichen Selbst am nächsten. Unser Schlafbedürfnis teilen wir mit allen Lebewesen. Es gibt keinen wichtigeren Platz auf der Welt als das Schlafzimmer. Was sich in diesem Raum abspielt, umfaßt das ganze Leben – alles, was wichtig ist, hat irgend etwas mit diesem Zimmer zu tun. Dieses Buch ist dem Zweck gewidmet, das Schlafzimmer zur Quelle unserer wilden Kräfte und zu einem noch viel produktiveren und lustvolleren Ort zu machen.

Montagabend

Sich zentrieren

Die Energie am Montagabend

Montag ist der Tag, an dem wir uns auf uns selbst konzentrieren. Das ist kein Akt des puren Egoismus; das ist einfach eine Notwendigkeit. Es ist der erste Tag der Woche, und wir müssen unsere Gedanken und Gefühle sammeln, und uns auf das, was wir ganz tief drinnen begehren, konzentrieren. Nur so können wir tagsüber erfolgreich und des Nachts leidenschaftlich sein.

Wie fühlst du dich? Hat dich dein Wochenende mit neuer Energie erfüllt? Freust du dich schon aufs nächste Wochenende? Es ist Montag, und du weißt, daß eine lange Woche voll mit Arbeit, Aufträgen und unangenehmen Aufgaben vor dir liegt. Doch erinnere dich daran, daß eine Woche auch mit den angenehmen Dingen des Lebens erfüllt sein kann. Der Montagabend ist der perfekte Zeitpunkt, um damit zu beginnen, deinen Begierden, Phantasien und Wünschen nach Liebe Aufmerksamkeit zu schenken.

Indem wir uns auf uns selbst konzentrieren, werden wir zu besseren Freundinnen und besseren Liebhaberinnen. Was spielt sich in deinem Liebesleben ab? Bist du zärtlich genug? Leidenschaftlich genug? Ist der Sex gut? Der Montagabend ist wie geschaffen dafür, über deine ehemaligen und derzeitigen Geliebten nachzudenken oder dich auf potentielle Geliebte zu konzentrieren. Du weißt ja ohnehin, wer dich glücklich macht und warum. Und du mußt diese Gefühle anerkennen. Bist du unglücklich, muß es Gründe dafür geben. Sei aufrichtig, denn man sieht es dir ohnehin an, wenn du unglücklich bist. Richte deine Energie jetzt auf das, was du in deinem Liebesleben haben willst. Laß deinen Gefühlen freien Lauf, und nimm sie an. Hast du die Wahrheit einmal erkannt, dann handle.

Der Montagabend ist der ideale Abend, um dich einzukuscheln und dich selbst zu umsorgen. Verwöhn dich mit einem Luxusbad oder einem Abendschläfchen. Lies endlich das Buch, das noch immer unaufgeschlagen auf deinem Nachttisch liegt. Nimm dein Leben in die Hand.

Was der Montagabend bedeutet

Diese Nacht ist nach ihrer Regentin benannt, der *Mondin*. Frauen haben mit der Mondin eine alte Verbindung – über die Zyklen. Die Mondin regiert unseren Körper; sie ist unsere besondere Führerin, die uns hilft, mit uns selbst und dem, was wir begehren, in Berührung zu kommen. Indem die Mondin uns mit ihrem sanften Ziehen und Schieben beeinflußt, regt sie unsere Wilde Frau an. Wir sind ihre lunaren Geschöpfe; wir menstruieren, wir empfangen und wir gebären übereinstimmend mit den Mondphasen. Und als lunare Geschöpfe müssen wir uns vor allem ihres andauernden Einflusses im Schlafzimmer bewußt sein, denn das Schlafzimmer beinhaltet all unsere Träume und Emotionen – unser Verlangen, unseren Schmerz und unsere Freude.

Hexen meinen, daß drei Nächte hintereinander Vollmondin ist: Die Nymphen-Vollmondin scheint in der Nacht, bevor die Mondin ganz voll ist; die Königinnen-Vollmondin ist die tatsächliche Vollmondin; und die Vollmondin der Alten Weisen erleuchtet die Nacht darauf. In diesen drei Nächten können wir der Schönheit und Macht der Mondin unsere Ehrerbietung erweisen. Das kann eine ganz einfache Form der Ehrerbietung sein, beispielsweise indem du eine weiße Kerze entzündest oder deinen ersten Altar errichtest. Hast du bereits einen Altar? Warum ihn dann nicht säubern – oder füg etwas ganz Besonderes zu Ehren der Mondin hinzu. Nimm die Mondphasen zur Kenntnis, und zoll ihnen die gebührende Achtung. Fällt die Vollmondin auf einen Montag, dann merk dir das als besonderen Zeitpunkt vor, um mit ihr zu kommunizieren.

Die Göttin am Montagabend: Oshun

Wahrscheinlich verehrst du die großartige und wunderschöne *Oshun* (sie entstammt der Yoruba-Tradition) ohnehin schon – ohne es zu wissen. Sie ist die Göttin, die du jedesmal dann erfreust, wenn du dein Haar bürstest, dich schön kleidest oder schminkst. Oshun ist der Pfad der Schönheit. Sie ist auch als Liebesgöttin bekannt. Wenn du deinen Körper mit aromatischen Lotionen, Ölen, Pudern oder Cremes salbst, ist das ein Ritual ihr zu Ehren.

Oshuns Altäre werden mit Früchten, Reis, gelben Kerzen und mit Räucherwerk aus den intensiv duftenden Harzen tropischer Bäume, mit Ambra und Sandelholz üppig geschmückt. Oshun wird sich, ohne dich je zu informieren, ein paar deiner liebsten Schmuckstücke ausleihen. Vielleicht fragst du dich: »Wo habe ich denn nur diesen Ohrring hingelegt?« Oshun versteckt ihn vor dir. Sie wird deine Sachen behalten und sie dir erst dann zurückgeben, wenn du schon jegliche Hoffnung aufgegeben hast, sie jemals wiederzufinden – oder wenn sie sie satt hat.

Oshun ist für ihre Tänze bekannt. Sie tanzt mit den Winden und mit den Kranichen, und sie tanzt mit den Sternschnuppen, die über den Himmel ziehen.

Die Atmosphäre am Montagabend

Sieh dich um in deinem Schlafzimmer. Gefällt dir das, was du dort siehst? Erzeugt es in dir irgendein besonderes Gefühl? Oder ist der Raum nüchtern, für das Nötigste ausreichend? Du kannst die Atmosphäre deines Zimmers völlig verändern, indem du nur irgendeine Kleinigkeit umänderst – beispielsweise die Bilder an der Wand. Greif zu Laken aus natürlichen Stoffen, aus Leinen oder Baumwolle. Satin wird deinen Geliebten/deine Geliebte erregen! Aber es ist ziemlich schwierig, sich auf Satin zu lieben, weil der Stoff zu rutschig ist. Es erzeugt eine ganz wunderbare Wirkung, ein wenig Räucherwerk im Schlafzimmer zu verbrennen und wie wär's, wenn du dich einmal statt für künstliches Licht für Kerzenlicht entscheidest? Du könntest eine besondere rosafarbene Glückskerze entzünden. Wenn du irgend etwas neu arrangiert hast, dann nimm wahr, wie diese kleine Veränderung der sinnlichen Eindrücke deine Stimmung beeinflußt. Wenn du in einem von Kerzenschein erhellten Zimmer mit Jasmin oder Ambra räucherst, bemerkst du vielleicht, daß du dich belebt fühlst. Die Düfte Ambra und Jasmin versprechen süße Freuden, und wenn dieses Räucherwerk brennt, wirst du nicht länger an mangelndem Selbstvertrauen leiden.

Die Beleuchtung im Schlafzimmer, ob künstlich oder natürlich, verändert die Stimmung, und Kerzen sorgen für die perfekte romantische Atmosphäre. Probier einmal eine pfirsichfarbene Kerze. Die Farbe des Pfirsichs hat eine stabilisierende Wirkung, die hilft, eine Stimmung der Ruhe zu erzeugen. Sie vermittelt Geborgenheit, Sicherheit und Wohlbefinden. Pfirsich wird deine/m oder deiner Geliebte/n versichern, daß du vertrauenswürdig bist und nur für ihn beziehungsweise für sie Augen hast.

Deine Sinne sind sehr wichtig, und wie du mit ihnen umgehst, beeinflußt nachhaltig dein Leben. Du willst doch wohl nicht jede Nacht in deinem Bett nur deswegen in Schlaf sinken, weil deine Sinne erschöpft oder gelangweilt sind! Laß deine Kreativität im Schlafzimmer spielen; wirk einen Zauber, bevor du einschläfst, meditiere, oder mach ein paar Yogaübungen. Halte die Spannung aufrecht.

Die Bach-Blütenessenz für den Montagabend: Wild Rose

Die Bach-Blütenessenzen sind Heilmittel, die Dr. Edward Bach entwickelt hat, und sie wirken sehr stark auf die Gefühle ein. Die spirituellen Essenzen der Blüten antworten dabei auf die emotionalen Bedürfnisse einer Person. Gebrauch sie aber nicht zur Heilung körperlicher Krankheiten, sondern eher für dein psychisches Wohlbefinden. Setz sie ein, wenn du unruhig bist, ängstlich, nervös, furchtsam, launisch oder sogar depressiv. Bach-Blüten sind ganz einfach anzuwenden und inzwischen in vielen Apotheken erhältlich. Eine Einzelgabe besteht einfach aus ein paar Tropfen der speziellen Essenz in Wasser.

Wenn du dich am Montagabend nicht in deine Wildheit einstimmen kannst, wenn du gar keine oder nur ein bißchen Erregung verspürst, wenn du dich emotional ausgelaugt fühlst – weder ein Hoch noch ein Tief, einfach nur schlapp –, dann werden ein paar Tropfen *Wild Rose* vielleicht genau das sein, was du brauchst, um deinen inneren Antrieb wiederzufinden. *Wild Rose* wird deine Gefühlsbatterien aufladen. Wenn der Emotionalkörper ausgeruht ist, wird deine Gesundheit insgesamt gestärkt.

Wenn du dich gerade von deinem oder deiner Geliebten trennst, wenn du dich in einer schlimmen Situation befindest und neue Energie brauchst, dann wirkt *Wild Rose* äußerst wohltuend auf dich. Die Essenz wird dir die Kraft verleihen, die Kontrolle über dein Leben wiederzugewinnen. Und in dir den Willen stärken, dich neuen Ufern zuzuwenden.

Manchmal brauchen Frauen Jahre, um ihre Energie nicht länger in eine negative Beziehung hineinzustecken – und in Angetraute oder Freunde, die sie mißbrauchen.

Sorge in dieser Zeit des Übergangs dafür, daß du andere Frauen findest, mit denen du reden kannst – schlepp diese Bürde nicht allein mit dir herum. Die beste Art, dir selbst zu helfen, ist jedoch immer, anderen zu helfen. Setz dich für einen guten Zweck ein: Frauenbelange, Tierschutz, die Umwelt. Wenn du das tust, besteht ein äußerst angenehmer Nebeneffekt darin, daß du wertvolle Menschen triffst und neue Freundschaften schließt.

Das Bad am Montagabend: Reinigung

Das Badezimmer ist der Quell, das Wasserloch, der Lebensstrom. Dort badest du, dort stellst du dich unter die Dusche und reinigst dich. Die Reinigung ist für die Wilde

Frau sehr wichtig. Sie liebt es, sich nach einem harten Tag zu säubern und ihren Geist zu klären. Wenn die Wilde Frau zu vielen anstrengenden Leuten ausgesetzt war, reinigt das Wasser ihre Aura. Sie duscht sich auch liebend gern, bevor sie Liebe macht – oder danach. Es gibt kaum etwas Schöneres, als mit deinem oder deiner Geliebten vor oder nach der Liebe unter einem warmen Wasserstrom zu stehen – das ist das perfekte Vorspiel oder der perfekte Abschluß eines köstlichen Erlebnisses.

Der schnellste Weg, am Ende des Tages deine Sorgen über Bord zu werfen, ist, ein schönes heißes Bad zu nehmen. Für deine Wilde Frau ist das Bad etwas ganz natürlich zu ihr Gehöriges – sie würde es um nichts in der Welt missen wollen. Immer wenn du nackt und in Wassernähe bist, ist sie präsent, und sie ist verspielt; sie liebt es, herumzuplanschen und umherzutollen. Auch wenn das vordergründige Ziel beim Baden die Reinigung ist, lassen ein paar Tropfen Aromaöl – an jedem Abend ein anderes – das Bad auch zu einer transformierenden und verjüngenden Erfahrung werden. Das beeindruckt deine Wilde Frau zutiefst, weil du ja jeden Tag ein anderes Badeöl und noch dazu immer in einer anderen Farbe in die Badewanne gießt.

Das Bad am Montagabend ist ein Bad der klaren Mondin, und es beinhaltet einen Reinigungszauber, der weit über die bloße Körperreinigung hinausgeht. Entspann dich heute abend in der Wanne. Heute abend wirst du kein Badeöl in das Badewasser gießen; du wirst dich einfach mit deinem eigenen Körperöl umgeben. Ich wünschte, es gäbe eine Methode, das Wasser silbern erscheinen zu lassen, aber auch klares Wasser stellt die Verbindung zur Mondin her. Das Wasser selbst ist ein klein bißchen ölig, und du fühlst, wie es deinen ganzen Körper mit den gewünschten Segnungen einhüllt. Wenn man die Öle von Körper und Wasser mischt, haben sie einen angenehmen Duft. Das bist du.

Entzünde eine weiße Kerze und ein Räucherwerk deiner Wahl, während du badest. Betrachte das Bad als Gebet und sprich:

> Bei der Macht meiner Vorfahren!
> Bei der Macht meiner Nachkommen!
> Ich lasse die alten Nöte los,
> ich lasse mein altes Leben los.
> Gereinigt bin ich von Angst;
> gereinigt bin ich vom Leid;
> gereinigt von meinen eigenen Fehlern;
> rein bin ich wie Schnee.
> Sei gesegnet!

Sprich den Vers dreimal, damit dir das Glück gewogen ist. Beende dein Bad, und trockne dich langsam mit einem weichen Badetuch ab.

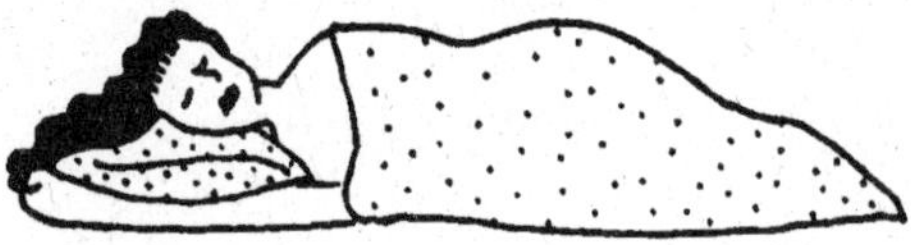

Dein Schlafzimmer segnen

Entzünde in einem kleinen Räuchergefäß ein Büschel Salbei, wenn die Mondin zuzunehmen beginnt – laß deine Wilde Frau immer ein Auge auf den Himmel haben, um ihr erstes Erscheinen zu erhaschen –, und sprich folgendes zur Mondgöttin. Auch wenn sie von verschiedenen Völkern Zehntausende von verschiedenen Namen bekommen hat, Diana ist der lateinische Name, der in Mitteleuropa, wo ich herstamme, verwendet wird:

Ich segne mein Schlafzimmer im Namen der Mondgöttin Diana, damit ich gute Träume und Ereignisse anziehe und um mich vor Alpträumen und Krankheit und allen möglichen Übeln zu schützen.

Sprich dies dreimal.

Entzünde eine schlanke weiße Kerze, halte sie der Mondin entgegen, und sprich, während du sie betrachtest:

Dies ist für meine wunderschöne Großmutter Mond. Ich sende ihr meine Liebe, und ich empfange ihren Segen! Alles ist bestens bei der Mondin.

Stell die Kerze nun auf deinem Altar ab, damit du den Rest des Segens wirken kannst. Nimm das qualmende Räucherwerk auf, und blas dreimal in die Glutnester, damit der Rauch gut aufsteigt. Umkreis das Zimmer dreimal im Uhrzeigersinn, und überzeug dich davon, daß der Rauch auch in alle Ecken und Schränke gelangt, ja sogar unters Bett. Vielleicht willst du auch ein Räucherstäbchen oder einen Federwedel benutzen, um den Rauch auch an diese versteckten Plätze zu leiten. Wenn du in die Nähe deines Bettes gelangst, kannst du die Worte des Segens verändern, damit sich widerspiegelt, was mit dir geschieht. Beispielsweise könntest du sagen: »Gesegnet sei mein Bett, mein Hort der Ruhe. Mögen sich die Schicksalsgöttinnen an mir erfreuen und mich beschützen!« Oder du könntest sagen: »Gesegnet sei mein Bett, mein Liebesnest. Mögen sich die Schicksalsgöttinnen an mir erfreuen und mein Begehren erfüllen!«

Sammle nun deine Gedanken, und wirk die Zauber für deine Bedürfnisse. Du könntest sagen: »Ich rufe einen liebenden Gefährten, der mit mir mein Bett teilt!« Oder: »Ich rufe bleibende Gesundheit! Gute Medizin gegen meine Schmerzen!« Oder: »Ich segne die Akte der

Liebe, die hier stattgefunden haben! Laß uns niemals streiten, ohne uns zu versöhnen; laß noch mehr Glück und Liebe einströmen!« Es liegt völlig an dir zu entscheiden, was deine Bedürfnisse sind. Wenn du fertig bist, so stell die Räucherschale auf den Altar neben die Kerze. Betrachte nun den Altar, und erlaube deinen Gefühlen, an die Oberfläche zu steigen. Wenn du etwas vergessen haben solltest, so ist jetzt der Moment, es deinem Segen noch hinzuzufügen. Beende dann den Zauber, indem du sagst: »Sei gesegnet!«

Zauber zur Steigerung deines persönlichen Wohlbefindens

1. Das Mitgefühl in dir selbst und in anderen anregen

Es ist schwierig, sich selbst gegenüber Mitgefühl zu empfinden. Wenn du es tust, nennen dich die Leute egoistisch. Aber wenn du dir selbst gegenüber kein Mitgefühl zeigst, kannst du es auch bei anderen nicht. Du verletzt dich immer weiter. Du mußt erst einmal mit dir selbst Mitgefühl haben, bevor du Mitgefühl für andere spüren kannst. Nimm dir Zeit, deine Lebensenergie auf dich selbst zu richten; erweise dir selbst Freundlichkeit und Zuneigung. Werde dir bewußt, wieviel Kraft du einfach herschenkst.

Entzünde in deinem Schlafzimmer, dem Ort, wo du die meiste Zeit verbringst, eine gelbe Kerze. Paß auf, daß die Kerze an einem sicheren Platz brennt. Laß dieses Ritual zu einem Teil deines Alltags werden. Wenn die Mondin aufgegangen ist und du sie am Himmel gesichtet hast, dann geh hinein, und vollzieh dieses Ritual der Eigenliebe.

Konzentriere dich jede Nacht auf die tanzende Flamme, und sprich zu dir selbst:

Ich bin das Kind der allmitfühlenden Mutter;
ich setze mitfühlende Liebe zu mir selbst frei.

Küße nun deine eigene Hand ganz liebevoll. Wiederhol diese Worte dreimal, und küsse auch deine Hand dreimal. Wenn du dir idiotisch vorkommen solltest, während du deine eigene Hand küßt, dann versuch dich daran zu erinnern, daß Frauen in unserer Zeit nicht gerade dabei unterstützt werden, sich selbst zu lieben. Du mußt dich durch dieses Tabu hindurcharbeiten, damit du dich wohl fühlst, wenn du gut zu dir bist. Wenn du dich selbst lieben kannst, wird dir mehr geistige und körperliche Energie als je zuvor zur Verfügung stehen.

2. Die Schamgefühle loswerden

Du brauchst dich nicht zu schämen, daß du deine Sexualität ausdrückst. Fühl dich nicht dafür schuldig, daß du sexuelle Gefühle hast. Schäm dich nicht für deinen Körper; du bist wunderschön! Das Patriarchat hat dem weiblichen Geschlecht eine klaffende Wunde geschlagen, indem es uns lehrt, daß keine Frau je gut genug, schlank genug, vollbusig genug, ja sogar Frau genug sein kann. Folgendes ist ein ausgezeichneter Zauber, um mit deinem Körper in Berührung zu kommen und dein Frausein zu feiern.

Einmal im Monat, wenn die Mondin im Abnehmen ist, kannst du diesen schamaustreibenden Zauber wirken. Denk daran: Auch wenn du die Schamgefühle oft austreibst, irgendwie schaffen sie es immer wieder, sich einzuschleichen und sich im unbemerkten Augenblick erneut in deinem Leben einzunisten. Wiederhol diesen Zauber also immer dann, wenn du spürst, daß die Schamgefühle wieder da sind.

Geh ins Freie, und betrachte die abnehmende Mondin. Wenn du einige Zeit still im Mondlicht verbracht hast, geh wieder hinein, und nimm ein Reinigungsbad, in das du ein blaues Badesalz gibst. Reib nach deinem Bad Zitronenschale auf deine Fersen, Ellbogen und Handgelenke.

Entzünde zwei weiße Kerzen, und stell sie links und rechts von einem Spiegel auf. Laß dein Lieblingsräucherwerk brennen – irgendeinen Duft, bei dem du dich einfach großartig fühlst. Stell dich nackt vor den Spiegel, und sieh dein Spiegelbild an. Das ist ein sehr wichtiger Zauber, weil du ganz tief in dich hineinschauen und dich mit deinen ältesten Erinnerungen an Scham konfrontieren mußt. Schau ganz tief in deine eigenen Augen und sprich: »Ich weise die zurück, die mich dazu gebracht haben, mich dafür zu schämen, daß ich eine Frau bin!«

Atme dann einmal tief durch, und fahr fort. Sprich laut:

Ich feiere mein Frausein. (Atme)
Ich feiere Eva, meine Ahnin, die in ihrer Weisheit
die Frucht vom Baum der Erkenntnis aß. (Atme)
Ich feiere Eva, meine Ahnin, die durch die Erfindung
der Menstruation meine Art erschuf.
(Tiefer Atemzug)
Ich tröste das kleine Mädchen, das glaubte,
es müsse sich schämen. (Tiefer Atemzug)
Ich feiere das kleine Mädchen, das überlebt hat,
um ich zu werden. Ich feiere sie! (Atme)
Ich vergebe der jungen Frau, die man angelogen
und unterdrückt hat. (Atme)
Ich feiere die junge Frau, die die Lügen überlebt hat
und die zur spirituellen Kriegerin wurde. (Tiefer
Atemzug)

Sei nun kreativ, und verfaß dein eigenes Drehbuch. Du kennst die besonderen Einzelheiten deines Lebens, vor allem die, für die du dich schämst. Vergib dir die Scham, die du fühlst, und feiere dich dafür, daß du die Scham überwindest. Scham ist nur ein Werkzeug, um Frauen kleinzuhalten.

3. Dein Begehren nähren

Dein Begehren ist heilig. Durch das, was du begehrst, kannst du sehen, woran die Göttin arbeitet, denn sie selbst hat ja das Begehren in dein Herz gepflanzt, damit es dich zu deinen Zielen leitet. Dein Leben ist eine Reise mit vielen Zielen, die auf deinem Weg liegen, und dein Begehren ist der Kompaß, der dir auf dieser Reise die Richtung weist. Würdest du nichts begehren, wärst du ziellos, antriebslos, leidenschaftslos – leblos.

Entzünde, um dein Begehren zu nähren, eine Kerze in einer Rotschattierung, die dir Wohlbefinden vermittelt. Projiziere dein Begehren in die Kerze hinein, und sende es mit all deiner emotionalen Kraft ins Universum hinaus. Räuchere dabei auch mit Salbei oder Sandelholz. Sollte dir keiner dieser beiden Düfte zusagen, dann räuchere mit irgendeinem Duft, den du magst. Bete zur Göttin der Tiefe – sie lebt tief in deiner Psyche –, und bitte sie, das Begehren in deinem Herzen zu steigern. Dann sprich dreimal:

Wunderschöne Sedna, Göttin der Tiefe,
laß mein Begehren wachsen,
laß es so riesig werden wie ein Wal.
Laß mein Begehren röhren,
laß es Wellen in mir schlagen.
Wunderschöne, mildreiche Sedna,
so möge es sein!

Immer dann, wenn du fühlst, daß Begehren in deinem Herzen aufsteigt, entzündest du diese Kerze. Blick in die Flamme, und spür ihre Energie. Wenn du die Kerze deines Begehrens an jedem Abend ein wenig herunterbrennen läßt, kannst du den Zauber an sieben oder neun aufeinanderfolgenden Nächten wirken. Das sind die Zahlen der Mondin.

Jetzt kommt der harte Teil: Du mußt dein Begehren loslassen und mindestens eine Mondphase lang nicht mehr daran denken. Wenn du von deinem Begehren losläßt, findet es Eingang ins Universum und ist nicht länger an dich gebunden. Es kann dann die nötigen Kontakte schließen, um seinen Zweck zu erfüllen, bevor es zu dir zurückkehrt. Wenn du nicht losläßt, wird es dich niemals verlassen und kann daher auch niemals zu dir zurückkehren und für dich wirken.

Bettgeflüster

Komm ins Schlafzimmer mit mir, mein Kind, und laß uns über Sex und Männer und Frauen und das Wunderwerk des Lebens, an dem wir weben, reden. Du hast die Tür hinter dir zugezogen – gut. Setz dich her zu mir aufs Bett. Es ist Zeit für ein bißchen Bettgeflüster – über die Angelegenheiten, die du dich nur im Bett auszusprechen traust, dem Platz, wo du es dir leisten kannst, verletzlich zu sein. Beim Bettgeflüster teilst du deine tiefsten Gedanken mit – spielerisch oder ganz ernst, leidenschaftlich oder entspannt. Ohne Angst, dafür verurteilt zu werden, kannst du hier über all deine Bedürfnisse und Gefühle sprechen.

Aber du mußt zuerst wissen, wer du überhaupt bist. Was weißt du eigentlich über Frauen?

Na, ich bin ganz einfach eine, sagst du; also weißt du zumindest mal das. Ein recht guter Anfang, aber manchmal, wenn man zu nahe an etwas dran ist, ist es viel schwerer zu begreifen. Es ist Zeit, das Frausein neu zu definieren. Es bedeutet nicht mehr Mutter und Apfelkuchen, Pumps und Niedriglöhne. Rassismus, Selbsthaß, Scham vor dem eigenen Körper und die schlimmste aller Ketten: die Ignoranz, auf die die Frauen überall stoßen.

Du meinst, du bist anders? Bevor du im Bett mit deinem oder deiner Geliebten frei sein kannst, mußt du erst einmal in dir selbst frei sein.

Denk mal darüber nach.

Montagabend: Verwöhn dich selbst

Du bist gerade nach Hause gekommen. Dir schwirren noch die Ereignisse des ganzen Tages im Kopf herum; das Büro hält dein Hirn fest im Würgegriff. Dein Körper tut dir vom vielen Sitzen weh; dein Magen knurrt. Dein Leben erscheint dir fad und leer. Das Frühstücksgeschirr steht noch genauso herum wie heute morgen, als du aufgebrochen bist; die Heinzelmännchen waren nicht zur Stelle. Was soll eine Wilde Frau in so einem Fall tun? Ignoriere es einfach. Ab und zu empfehle ich, wie du noch sehen wirst, dich mit Solosex zu beschäftigen.

Schlendere also heute abend in dein Schlafzimmer, und entzünde eine beruhigende blaue Kerze auf deinem

Altar. Zieh dich aus. Bleib ein paar Minuten lang sitzen, und beobachte die Kerze, während du bewußt ein- und ausatmest, aber halte deinen Atem etwas länger als gewohnt an, bevor du ausatmest. Dann sprich dreimal:

Herbei, herbei, wo immer du seist,
Natur, meine Geliebte, meine geliebte Braut.
Gesegnet seist du in all meinen Taten,
erfüllen laß mich all dein Begehr.
Dian! Diana! Dianna! So mög es sein!

Setz dich nun auf dein Bett, und mach es dir ganz bequem. Betrachte die Kerze von dort aus. Ist es ein warmes, wohltuendes Licht? Atme weiter. Berühr dich selbst, um dich noch tiefer zu entspannen. Hör auf deine innere Stimme, die dir enthüllt, was du brauchst. Konzentriere dich heute nacht auf deinen Körper, deine Bedürfnisse. Was fühlt sich gut für dich an? Man hat uns gelehrt, daß es sich nicht gehört, uns selbst zu lieben, daß wir nur daran denken dürfen, was unserem Partner Spaß macht. Aber warum sollte das so sein? Wo bleibt da unsere Wilde Frau? Wir müssen ganz genau auf ihre Bedürfnisse achten.

Damit wir mit jemand anders Liebe machen können, müssen wir zunächst einmal wissen, wie wir mit uns selbst Liebe machen. Du bist ein sexuelles Wesen. Sei nicht so scheu. Leg dich auf dein Bett, und sieh weiter die Kerze an. Liegst du bequem? Sorg dafür, daß du genügend Kissen hast. Du solltest nackt in deinem dunklen Schlafzimmer liegen und den sanft flackernden Kerzenschein beobachten. Leg dich in dein Bett zurück. Genieß dich selbst. Du hast genügend Zeit, dich zu erforschen. Laß deine Hände deinen Körper streicheln. Mach dich mit dir selbst bekannt und mit dem, was dir ein wohliges Gefühl bereitet. Fühl dich nicht schuldig, und schäm dich nicht dafür, daß du dich selbst berührst. Nimm dir Zeit, dich auf dich selbst und deine Bedürfnisse zu konzentrieren. Laß dich deine Lust fühlen.

Solltest du nicht für Solosex in Stimmung sein, dann gibt es auch andere Möglichkeiten, dich heute abend selbst zu verwöhnen. Du könntest ein Schläfchen einlegen. Wildtiere haben keinen Terminkalender – sie können immer, wenn sie darauf Lust haben, ein Schläfchen machen. Sag deinem Unterbewußtsein, daß es dich in ein, zwei Stunden wieder aufwecken soll. Wenn du meinst, daß du womöglich die ganze Nacht verschläfst, dann stell dir den Wecker. In Brasilien und auch sonst in vielen anderen Ländern ist es durchaus üblich, nach der Arbeit ein Nickerchen zu machen und um sieben oder acht zum Abendessen wieder aufzustehen. Dann steht der restliche Abend bis Mitternacht im Zeichen von Unterhaltung und Vergnügen.

Du könnest dir vielleicht auch ein wunderbares Mahl zubereiten – ohne zu hetzen, während du kochst, nur damit du deine Lieblingssendung im Fernsehen nicht verpaßt. Genieß es, zu kochen und in der Küche zu stehen. Wenn du dabei die Früchte, das Gemüse, die Eier, das Fleisch bewußt berührst, machst du das Kochen zu einem Sakrament des Lebens. Betrachte die Nahrungsmittel als die Wunder des Lebens, die die Sprache deiner Wilden Frau fließend sprechen. Sie erinnern dich an deine Abhängigkeit von der Wildnis, vom Salz, vom Paprika, vom Pfeffer, von allen Kräutern und Gewürzen, die dem Leben Geschmack verleihen. Wenn du die Eier ansiehst, dann denk auch an die Heilkraft, die ihnen innewohnt und um derentwillen sie in Zaubern benutzt werden. Betrachte die Eier als Symbole der Wiedergeburt. Betrachte die Milch und den Honig als glücksbringende Flüssigkeiten. Selbst das Wasser wird schimmern und dich daran erinnern, daß es einst Regen war, der herabfiel und in Becken gesammelt wurde und der nun in deinem Heim fließt. Die alltägliche Kocherei ist eigentlich eine heilige Handlung.

Du hast abends, bevor du schläfst, täglich nur ein paar Stunden, in denen du all das tun kannst, was dich erfreut. Essen, trinken, lesen, putzen, Musik hören oder dich selbst befriedigen – der Montagabend gehört dir ganz allein. Konzentriere dich auf dich selbst.

Solosex

Wenn du keinen Partner/keine Partnerin hast, kannst du trotzdem deine Wilde Frau herauskehren und sie in deinem Schlafzimmer spielen lassen. Sie ist immer da. Ich werde dir für jeden Abend der Woche einige Ideen für Solosex vorschlagen. Weil ich das aber für heute abend allen Frauen vorgeschlagen habe, lies bitte weiter oben meine Ideen zur Selbstbefriedigung nach.

Bettgeschichte: Das Mondvolk

Es war einmal, da bedeckten riesige Gewässer das Antlitz der Erde. Riesige Gletscher hatten Berge und Täler überzogen; nur die allerhöchsten Teile der Welt waren unberührt geblieben. Das sei die Vorsehung gewesen, sagte man. Die Erde veränderte sich wieder einmal. Die Mondgöttin schwebte über den Wassern und suchte nach einigen Lebewesen, denen sie durch eine ihrer Wundertaten hätte helfen können. Plötzlich entdeckte sie im Schilf ein kleines Baby, ein Mädchen, das weinte. Es war hungrig, und es fror. Angst hatte es auch. Die Mondgöttin wollte gerade ihre Engel ausschicken, um die Kleine zu bergen, als sie eine Wölfin bemerkte, die auf das Baby zuschwamm. Als die Wölfin das Baby erreichte, packte sie es ganz sanft am Arm und zog es an

Land ins Trockene. Doch statt es aufzufressen, bot die Wölfin dem Baby ihre Zitzen zum Säugen dar. Und das Kind saugte mit aller Kraft; die Mondgöttin lächelte.

»Weil dein Mitgefühl stärker war als dein Hunger«, sagte sie zu der Wolfsmutter, »schenke ich dir die Gabe der Verwandlung. Du kannst dich kraft deines Willens in jegliches Lebewesen verwandeln.« Mit diesen Worten strich sie mit ihren heiligen Händen über das Fell der Wölfin, und dort, wo sie die Wölfin berührte, schimmerte das Fell sogleich silbern.

Das Mädchen wuchs mit ihren Wolfsbrüdern und -schwestern auf, spielte mit ihnen in den Feldern, teilte ihr Lager, ja, teilte das Leben mit ihnen. Aber je größer das Mädchen wurde, um so niedergeschlagener fühlte es sich. Die junge Frau erkannte, daß sie anders war, und sie sehnte sich nach ihrer eigenen Art. Eines Tages betete sie allein zur Mondin, in der sie instinktiv ihre Beschützerin sah: »O Mutter, wie wünsche ich mir, mit anderen Menschenwesen zu leben! Bin ich die einzige? Wie kann das sein?« rief sie voll Bitterkeit. Dann ging sie zu ihrem Lieblingsplatz. Plötzlich kam ein junger Mann hinter einem hohen Baum hervor und sprach: »Ich habe mir die Macht meiner Mutter geborgt, damit ich wie du sein kann, denn ich vermag deine Traurigkeit nicht länger zu ertragen.«

Das junge Mädchen war hocherfreut, seinen Bruder als Menschenwesen zu sehen. Sie liebten einander, und von ihnen stammen alle Völker Europas ab.

Diese Geschichte wurde zur Grundlage des Weges der Grauen Wölfin. Das ist ein spiritueller Weg, bei dem Menschen sich als Wölfe verkleiden und manchmal gemeinsam mit den Wölfen die Mondin anheulen. In der Vergangenheit waren diese Zirkel so weitverbreitet, daß in manchen Legenden erzählt wurde, Menschen könnten sich immer noch in Wölfe verwandeln, indem sie einfach durch einen Birkenreif springen würden. Diese Legenden boten den späteren Geschichten über Werwölfe Nahrung, die nichts anderes sind als eine verschwommene kollektive Erinnerung an die Verwandtschaft zwischen Menschenwesen, Wölfen und der Mondin.

(Nach einer Legende aus Sibirien)

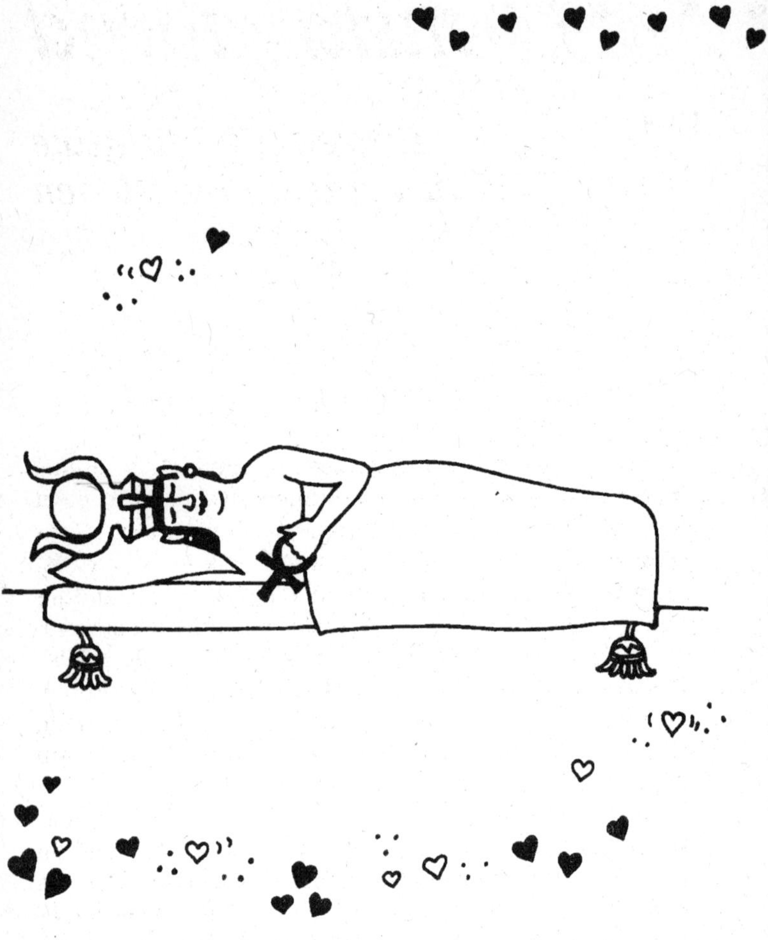

Dienstagabend

Ergreif die Initiative in deinem Liebesleben

Die Energie am Dienstagabend

Der Dienstagabend bringt dir Hochspannung. Es ist eine Marsnacht, eine Nacht zum Umherstreifen. Vielleicht hast du das Bedürfnis, dich sportlich zu betätigen, ins Fitneßcenter oder tanzen zu gehen. Dieser Abend ist auch hervorragend zum Besuch von Sportveranstaltungen geeignet; du könntest nachsehen, ob vielleicht gerade dein lokales Lieblingsteam spielt. Du solltest also Pläne schmieden, was du nach der Arbeit mit deinem Partner, deiner Liebsten oder Freunden unternehmen willst. Das ist keine Nacht für Stubenhocker – außer du planst eine Liebesnacht.

Die Energie des Mars ist sexuell. Sie ist oft leidenschaftlich und läßt dich die Initiative ergreifen. Wenn du dich also dafür entscheidest, diese Nacht mit deinem oder deiner Geliebten zu Hause zu verbringen, sei wagemutig. Erlaub deiner sexuellen Energie, sich zu zeigen. Zieh deinen Geliebten/deine Geliebte an dich, fühl die Magie eurer Körper, spring in den Garten der Lüste.

Was der Dienstagabend bedeutet

Dienstag ist nach dem Gott Mars benannt, der in Nordeuropa ursprünglich Tiwaz genannt wurde (englisch: Tiw und isländisch: Tyr). Obwohl Mars auch der Gott des Krieges ist, bedeutet das natürlich nicht, daß du heimgehen und mit deinem oder deiner Liebsten einen Streit vom Zaun brechen sollst. In seiner frühesten etruskischen Erscheinungsform war Mars als der Fruchtbarkeitsgott Maris bekannt. Es waren die Römer, die den Dienstag dem Planeten Mars zuordneten, und der Mars regiert viele Bereiche, so auch den Sexualtrieb. Warum also nicht diese Energie in Richtung Leidenschaft dirigieren?

Dienstag ist ein Tag der Wahrheit. Den ganzen Tag über warst du mit voller Kraft aktiv, und darum ist es nötig, daß du zu deinem oder deiner Liebsten aufrichtig bist, wenn du nach Hause kommst. Ehrlichkeit ist eine Eigenschaft, die man gerade in einer Liebesbeziehung schätzen und fördern sollte. Erlaub dir also, deinen Geliebten/deine Geliebte um das zu bitten, was du brauchst. Sollte deine Bitte den anderen vor den Kopf stoßen, dann such dir lieber einen Partner, der schon erwachsen genug ist!

Dienstagabend bekommst du, was du willst. Also entscheide dich, und was auch immer dir an Energie vom Tag übriggeblieben ist, solltest du in eine positive Richtung lenken. Und gibt es eine positivere Richtung als die Sexualität?

Die Göttin am Dienstagabend: Isis

Die königliche Mutter *Isis* ist die Älteste der Alten und ewig jung. Sie ist die Meisterin der Magie und hat sogar die Götter unterwiesen. Sie war die Gattin des Osiris, der alljährlich starb, wenn der Nil austrocknete, und mit der Flut ins Leben zurückkehrte. Sie betrauerte seinen Tod und erweckte seinen Körper zum Leben, damit sie ihren Sohn empfangen konnte. Sie stammte aus Ägypten, wurde aber von Rom bis Britannien angebetet, und sie ist eine der mächtigsten Göttinnen, die noch heute von Frauen verehrt wird.

Isis regiert über die ganze Natur; sie ist die Mutter von allem. Sie ist eine Göttin, die genau weiß, wie sie kriegt, was sie will. Die Römer riefen sie um eine sichere Seereise an. Wirf Blumen ins Meer, damit dir eine glückliche Reise oder ein glücklicher Lebensweg geschenkt werde.

In einigen uralten Funden in meinem Heimatland Ungarn wird die Göttin Isis als eine »die Herzen aneinanderknüpft« beschrieben. Ihre Liebe wird auch dir helfen, dich mit deinem oder deiner Geliebten zu verbinden. Ihre Energie ist es, die eine Partnerschaft klappen läßt. Um also ihre Energie in dein Leben zu bringen, sprich:

O Isis, Erhörerin der Gebete,
du gnadenreiche Heilerin allen Übels –
erneuere deine Segnungen für uns um noch ein Jahr,
daß wir aus den Reichtümern des Lebens schöpfen mögen
und sie dir zu Ehren erhalten.

Du bittest hier nicht um finanziellen Reichtum. Es handelt sich eher um die Schätze, die in deiner Beziehung das gewisse Prickeln erhalten. Du mußt in deiner Beziehung großzügig geben können. Durch dieses Geben wirst du auch unermeßlich viel zurückbekommen.

Die Atmosphäre am Dienstagabend

Entzünde eine rote Kerze. Fühl, wie sie dein Qi anregt, deinen Lebensfluß. Die Farbe Rot wird oft mit den Fortpflanzungsorganen und mit der Energie der Erde in Verbindung gebracht. Wenn du sexuell erregt bist und deine Wangen Farbe bekommen, wie erglühst du dann? Rot natürlich. Rot ist die Farbe der Leidenschaft und des Begehrens, die Farbe des Blutes, das durch deine Adern schießt. Rot steht sowohl mit deinem körperlichen als auch mit deinem Gefühlszustand in Verbindung. Beispielsweise sagen wir: »Ich war so wütend, ich habe nur noch rotgesehen!«

Stell heute abend rote Rosen auf deinen Nachtschrank. Das dunkle, leuchtende Rot der Rosen wird eine bezaubernde Wirkung ausüben und deinen Geliebten/deine Geliebte wissen lassen, daß du vor Verlangen brennst. Wenn du in deinem Schlafzimmer Rot und Gold trägst, wirst du deinen Geliebten/deine Geliebte entzücken und eure Lust steigern.

Laß heute abend auf dem Altar auch dein Lieblingsräucherwerk brennen. Ein Schlafzimmer sollte nicht immer das gleiche Aroma haben, und du kannst, passend zu deiner Stimmung, aus einer Vielzahl von verschiedenem Räucherwerk deine Auswahl treffen. Deine Wilde Frau hat einen ausgeprägten Geruchssinn, und sie weiß ganz genau, nach welchem Duft es sie verlangt. Kauf also einige deiner liebsten Sorten Räucherwerk ein, damit du immer eine passende Auswahl zur Hand hast. Lockere dein Bettzeug an der frischen Luft.

Bach-Blütenessenzen für den Dienstagabend: Olive, Gorse und Walnut

Wenn du dich erschöpft fühlst, dann nimm einige Tropfen *Olive* dreimal täglich so lange zu dir, bis dein Emotionalkörper geheilt ist und du deine Spannkraft wiedererlangt hast; Olive wird dir helfen, dich zu verjüngen. Es wird dich regenerieren, und du wirst dein geistiges, körperliches und seelisches Gleichgewicht wiedergewinnen.

Wenn es dir an Ehrgeiz mangelt und du zu deiner aggressiven Energie überhaupt keinen Zugang hast, dann benutze die Bach-Blütenessenz *Gorse*. Sie hilft dir bei der Überwindung von Passivität und Hoffnungslosigkeit.

Wenn du dich gerade an einem Scheideweg in deinem Leben befindest oder wenn dir eine große Veränderung ins Haus steht – wie beispielsweise die Pubertät, der Wechsel, eine Scheidung oder ein neuer Arbeitsplatz –, dann verwende die Bach-Blütenessenz *Walnut*.

Das Bad am Dienstagabend: Lebenskraft

Benutz heute abend in deinem Badewasser aus den 7 *Holy Spirit Baths* (»7-Heilige-Geister-Bäder«) die Farbe Rot (Bezugsquellen siehe Anhang). Es wird zwar ziemlich eigenartig aussehen, und während du in dem kirschroten Wasser sitzt, wirst du wahrscheinlich denken, daß der rote Ring, der in der Wanne zurückbleibt, direkt aus der Hölle stammt. Aber mach dir darüber keine Gedanken. Entzünde eine Kerze, und präg, während du dich in der Wanne aalst, deiner intuitiven Gehirnhälfte den Gedanken ein, daß die Farbe Rot als Schwingung von deiner Haut absorbiert wird. Du wirst von ihrem Öl bedeckt; du wirst in ihre Kraft getaucht. Rot. *ROT*! Lebenskraft. Schaffenskraft. Macht des weiblichen Blutes. Macht der Leidenschaft. Macht der Liebe. Hier nun eine Meditation für die Wilde Frau im Bad:

Atme siebenmal tief ein. Geh jedesmal, wenn du einatmest, noch tiefer in dich. Steig hinunter zu einem heilsamen See, von dem du weißt, daß dort deine Wilde Frau gern ihre Zeit verbringt. Ruf nach ihr, indem du spielerisch im Wasser planschst. Erlaub ihr, aufzutauchen und dir im See Gesellschaft zu leisten. Jetzt stell dir einfach vor, wie du Seite an Seite mit deiner Wilden Frau dahinschwimmst und dich in ihrem heiligen, tiefen See erfrischst.

Schau unter die Wasseroberfläche, und sieh dir all die Wesen an, die dort unten leben. (Nein, ich meine jetzt nicht, daß du in dein rotes Badewasser schauen sollst – schau in deinen geistigen See.) Welche Arten von Lebewesen fallen dir da auf? Laß deine Phantasie spielen. Ist es die freundliche Wasserschlange, die weise Schildkröte oder ein Vogel, der sich unter Wasser seine Nahrung sucht? Gibt es Fische? Wenn du das Gefühl bekommst, daß du und deine Wilde Frau jetzt lange genug umhergeschwommen seid, dann steig aus dem Wasser auf eine grüne Wiese, beweg dich dabei langsam und in Übereinstimmung mit der Energie eurer Körper.

Jetzt kannst du aus deinem roten Bad steigen und dich abtrocknen. Gib Töne von dir, stoß wohlige Grunzlaute aus, während du dich selbst verwöhnst. Sei immer noch mit der wilden Seite deiner Wesensart verbunden, und denk über sie nach. Wenn du das Bad verläßt, nimm die Kerze mit, und schreite zeremoniell in dein Schlafzimmer. Wenn du einen Partner/eine Partnerin hast, der oder die dort auf dich wartet, dann liebt euch auf die gleiche langsame Weise. Nimm alles um dich herum wahr. Nimm dir immer genug von dieser süßen Zeit deiner Sexualität. Die Wilde Frau muß sich sicher und frei fühlen, damit sie hervorkommen kann und es wagt, ihrer sexuellen Seite Ausdruck zu verleihen.

Zauber für die Liebe und das Auseinandergehen

1. Ein Liebeszauber

Manchmal ist es wichtig, daß du aggressiv bist, wenn es um dein Liebesleben geht. Liebeszauber sind trickreich; sie funktionieren nur dann, wenn die Chemie in irgendeiner Weise stimmt und die Möglichkeit besteht, daß zwei zusammenkommen. Wenn das Schicksal jedoch gegen die Beziehung ist, wird der Zauber nicht wirken, egal wieviel Energie du hineinsteckst. Es gibt Zeiten, da soll eine Liebesaffäre einfach nicht sein. Etwas anderes steht dann an.

Wenn du einen Liebeszauber webst, ist es am besten, wenn du kein besonderes Zielobjekt im Auge hast. Verwende also nicht den Namen einer Person, die du begehrst, sag eher: »Eine Person, die mir die Liebe gibt, die ich brauche.«

Und besteh nicht auf Typen, die dich nicht wiederlieben. Das Universum ist wie ein großer Bonbonladen; das Angebot ist riesig. Vielleicht gibt es ja jemanden, von dem du meinst, er oder sie braucht nur einen kleinen Schubs, um den Gefühlen, die zwischen euch beiden im Entstehen sind, auch Taten folgen zu lassen. Oder, noch besser, du weißt zwar noch nicht, wen du brauchst, hast aber die feste Zuversicht, daß es irgendwo da draußen jemanden für dich gibt. Die Göttin weiß, wer diese Person ist, und wo sie lebt, und wie ihr zwei euch »zufällig« treffen könnt. Zufällige Treffen sind ihre Spezialität.

Bereite für den Zauber in deinem Schlafzimmer eine rote Kerze vor. Benutz einen Rosendorn, um die Worte »Meine einzig wahre Liebe« in die Kerze zu ritzen. (Es wird ziemlich schwierig sein, mit einem Rosendorn zu schreiben, aber es entspricht der Zaubertradition, so vorzugehen). Salb die Kerze mit deinem Speichel; reib sie dann mit ein wenig von deinen natürlichen sexuellen Säften ein. Entzünde zum Wohlgefallen der Göttin ein bißchen Salbei oder Sandelholz, mit denen du räucherst.

Warte bis zur Neumondin. Stell die rote Kerze in die Mitte deines Altars. Bete dann zur Großmutter Mond:

Meine Liebe, mein wahrer Gefährte,
verborgen von den Nornen,
von der Mondin aufgespürt.
Meine Liebe, mein wahrer Gefährte,
komm jetzt zu mir, ohne Verzug!
(Dreimal wiederholen)

Laß die Kerze etwa zehn Minuten lang brennen, und betrachte sie, während du in deinem Bett liegst. Befeuchte dann deine Finger und lösch die Kerze.

Blas niemals eine magische Kerze aus! Wiederhol dieses Ritual an neun aufeinanderfolgenden Nächten, laß dann die ganze Angelegenheit los, und hör auf, daran zu denken. Wenn du weiter über den Zauber brütest, kann er dich nicht verlassen und erfolgreich zu dir zurückkehren. Wirf die Überreste deiner Kerze in ein lebendes Gewässer. Wirf sie weg, dreh dich um, und schau dich nicht um. Etwa eine Mondphase später wirst du Ergebnisse sehen.

2. Der Versöhnungskuß

Du hast mit deinem oder deiner Geliebten gestritten, was heutzutage nur allzu häufig vorkommt. Wie oft streiten wir uns, gehen ins Bett, und wenn wir einschlafen, sind wir eigentlich außer uns. Wenn ihr streitet, ist es wichtig, euch zu versöhnen, bevor ihr ins Bett geht. Zorn im Bett vertreibt jegliche Intimität. Solltet ihr jedoch nicht Frieden schließen können, bevor ihr einschlaft, dann versuch es einmal mit folgendem Zauber.

Besorg dir ein Kraut namens *Black Cohosh (Cimicifuga racemosa)*, und streu davon ein wenig um das Bett herum, das ihr teilt. Sprich dreimal: »Seele voll Zorn und Herz voll Schmerz, verwandelt euch in weiße Tauben und fliegt!« Stell dir dabei vor, wie ihr beide lächelt. Wenn das nichts nützt, macht Paartherapie. Es ist nicht gesund, mit Groll im Bauch ins Bett zu gehen.

3. Scheidung und Trennung

Irgendwann einmal hast du vielleicht dein Schlafzimmer mit einem oder einer Geliebten geteilt, aber jetzt ist dieser Mensch fort. Die Leere, die zurückbleibt, schmerzt. Der Geruch dieser Person, die Erinnerung an ihre Gewohnheiten sind starke Schwingungen, die dich unterbewußt beeinflussen. Manchmal klammern wir uns an die Kleider oder Gegenstände, die dem Menschen, der uns verlassen hat, gehört haben, und halten so psychisch die Erinnerung wach. Das mag in Ordnung sein, solange es dir nur ein kleines emotionales Prickeln verursacht und nicht jedesmal einen Stich ins Herz versetzt. Aber es kommt die Zeit, da ist genug ganz einfach genug. Als dein wichtigstes Zimmer mußt du dir dein Schlafzimmer zurückerobern. Sogar noch bevor du in deinem Herzen das Großreinemachen abgeschlossen hast, mußt du deinen physischen Raum klären.

Das erste, was du tun solltest, wenn dich ein langjähriger Partner verlassen hat, ist, daß du das Bettzeug, das ihr gemeinsam benutzt habt, loswirst. Gib es weg. Frische Bezüge verwandeln die Kissen. Wenn du von den physischen Erinnerungsstücken losläßt, wird dir das auch dabei helfen, die Erinnerungen überhaupt loszulassen.

Reinige dein Schlafzimmer, indem du es sorgfältig putzt. Füg dem Wasser beispielsweise Essig hinzu, mit dem du den Boden aufwischst, das wird den Raum sowohl von schlechten Gerüchen als auch von Schwingungen befreien. Streich den Raum neu. Hast du Teppiche, dann verstreu einige Lavendelblüten darauf, und laß die Blüten eine Woche lang auf dem Boden liegen, bevor du staubsaugst. Und zu guter Letzt: Verändere das Aussehen der Wände, häng neue Bilder auf, und laß die alten Fotos verschwinden. Wenn du das erledigt hast, kannst du auf die abnehmende Mondin warten, um einen Trennungszauber zu wirken.

Benutz ein graues Tuch, um deinen Altar zu bedecken, weil die Farbe Grau für Neutralität steht. Besorg dir zwei graue Kerzen – eine für dich und eine für die abwesende Person. Schreib deinen Namen dreimal auf die eine Kerze und seinen oder ihren Namen dreimal auf die andere. Stell die Kerzen auf deinen Altar – nahe beieinander, aber eindeutig voneinander getrennt. Kauf dir austreibendes Räucherwerk (es ist üblicherweise grau) in einem Laden für Okkultes (im Anhang dieses Buches findest du ein paar Bezugsquellen). Entzünde das Räucherwerk, und erlaub dir, einen psychischen Raum zu betreten, in dem du dich verabschieden kannst. Stell dir die Person vor, wie sie sich von dir abwendet, und stell dir vor, wie du dich selbst auch von ihr abwendest. Entzünde die zwei Kerzen und sprich:

Verschwinde aus meinem Herzen (Name);
verschwinde von mir!
Die vier Winde kehren dich aus meinem Raum;
die vier Feuer in meinem Herzen verlöschen;
die vier Himmelsrichtungen nehmen dich ewiglich hinweg;
die vier Regenjahreszeiten waschen dich fort.
(Wiederhol das dreimal)

Stell die zwei Kerzen noch weiter auseinander. Schau ihnen dreizehn Minuten lang beim Brennen zu, dann blas sie mit einem kräftigen Atemstoß aus. Nur in diesem Fall! Nimm die Abwesenheit der Flammen wahr. Akzeptiere es. Wiederhol diesen Zauber an drei aufeinanderfolgenden Nächten, während die Mondin abnimmt, und stell die Kerzen an jedem Abend noch ein Stück weiter auseinander. Am dritten und letzten Abend läßt du die Kerzen ganz herunterbrennen. Bis dahin sollten sie bereits auf den einander entgegengesetzten Enden deines Altars stehen. Sollten dir jetzt die Tränen kommen, dann laß sie fließen. Trauere jetzt, und dann mach Schluß.

Bring, was von diesem Zauber an Überresten bleibt – Asche, Wachsreste und alles sonstige –, zu einem lebenden Gewässer. Wirf alles hinein, und blick dich nicht um. Wenn du über den Zauber nachbrütest, kann er nicht Wirklichkeit werden. Von dem oder der verlorenen Geliebten besessen zu sein ist eine tödliche geistige Haltung; du bleibst in der Vergangenheit hängen und versperrst dir deine Zukunft.

4. Von einem mißbrauchenden Partner loskommen

Manchmal geben Frauen zu viel und werden als Gegenleistung dafür mißbraucht. Ja, schlimmer noch, manchmal sind Frauen in körperliche oder emotionale Gewaltbeziehungen verstrickt. Üblicherweise wollen die Mißbraucher nicht selbst einen Trennungsstrich ziehen. Wer bliebe ihnen denn dann zum Beherrschen oder Zusammenschlagen? Manche Frauen laufen zwar weg, werden aber von ihren Mißbrauchern verfolgt. Ein Mißbrauchstäter ist eine äußerst abhängige Person. Dieser Mensch braucht eine, die für ihn kocht, wäscht und ihn mit Sex versorgt. Wenn du dich in einer Mißbrauchsbeziehung befindest und du deinen Mißbraucher loswerden willst, dann probier einmal die folgende Hexerei, die du zu jeder beliebigen Zeit im Monat ausführen kannst.

Dieser Zauber ist nichts für Frauen, die zweifeln, ob ihr Partner jetzt eine Hexerei verdient oder nicht. Wenn dein Partner dein Leben bedroht hat oder dich und deine Kinder schlägt, hast du das Recht, ihn zu verhexen. Es geht einfach um dein Leben – oder seines.

Wahrscheinlich hast du Zugang zu den Haaren oder den abgeschnittenen Fingernägeln deines Partners. Zieh ein paar Haare aus seiner Haarbürste oder seinem Kamm, und schon hast du eine lebendige Verbindung zu seiner Person.

Besorg dir eine schwarze Kerze und mach dir einen Altar, den du mit einem schwarzen Tuch bedeckst. Leg ein paar Knochen (beispielsweise Hühnerknochen vom Essen) auf den Altar. Auf die schwarzen Kerzen schreibst du siebenmal rückwärts den Namen des Mißbrauchers. Schreib den Namen, bei dem du ihn üblicherweise nennst; kümmere dich nicht um Formalitäten.

Hol dir ein bißchen Friedhofsstaub. Der Staub muß nicht tatsächlich von einem Grab stammen – ein paar Krümel von einem Weg am Friedhof tun es auch. Wenn du jedoch den Staub tatsächlich von einem Grab eines Verwandten, der dich mochte, einsammeln kannst, beschwörst du die Hilfe des oder der Toten – und die wirst du vielleicht sehr stark brauchen. Manche Verwandte dienen oft als Schutzengel, wenn du dich in Gefahr befindest. Und wenn du mit einem Partner, der dich mißbraucht, lebst, schwebst du in Gefahr.

Stell die mit dem Namen des Mißbrauchers beschriftete Kerze auf ein dunkles Blatt Papier. Beschmier die Kerze mit ein bißchen eigenem Urin. (Urin wird in der Magie dazu verwendet, Dinge zu eliminieren). Roll die Kerze, während sie noch feucht ist, in den Haarresten, die du dir besorgt hast, bis alle Haare an ihr kleben bleiben. Streu großzügig schwarzen Pfeffer auf die Kerze. (Pfeffer wird in der Magie zum Stören oder für einen Angriff verwendet.) Wenn du Cayennepfeffer haben solltest, dann roll die Kerze auch noch darin, damit es schön brennt.

Bastle einen Kerzenständer aus Aluminiumfolie, damit die Kerze von allein stehen bleibt, und stell sie wieder auf den Altar zurück. Wenn du in der Nähe von einem Laden für Okkultes wohnst, dann kauf dir *Black-Arts*-Räucherwerk oder *Double-Crossing*-Räucherwerk (»Schwarze-Magie«- oder »Durchkreuzt-und-hintergangen«-Räucherwerk). Wenn nicht, dann benutz einfach Muskat aus deiner Küche. Muskat hat ein äußerst bitteres Aroma, wenn er brennt. Entzünde das Räucherwerk tagsüber oder abends, wenn dein Mißbraucher nicht zu Hause ist, und erlaub dir, deinen Schmerz zu spüren. Lös dich! Es reicht jetzt; du willst diese Person aus deinem Leben raushaben. Du willst die Scheidung, gerichtlich oder sonstwie. Du willst dieser Situation ein Ende bereiten. Entzünde jetzt die Kerze, und sprich dreimal:

Es gibt einen Geist im Körper von (Name des Mißbrauchers).
Ich spreche nicht mit einem Lebenden,
sondern mit einem Toten;
dem Geist der Verantwortlichkeit.
Ich spreche nicht mit einem Lebenden,
sondern mit einem Toten;

ich ersuche dich, du teurer Geist.
Ich spreche nicht mit einem Lebenden,
sondern mit einem Toten;
er soll (Name des Mißbrauchers) davon abhalten,
mir und meinen Kindern weh zu tun.
Ich spreche nicht mit einem Lebenden,
sondern mit einem Toten;
bring ihn durch seine eigenen Fehler und sein
eigenes Übel zu Fall.
Ich spreche nicht mit einem Lebenden,
sondern mit einem Toten;
bring ihn zu Fall! Setz seinem Übel ein Ende!
Befrei mich und meine Kinder!
Sei gesegnet! Es ist vollbracht!

Streu den Grabstaub dreimal gegen den Uhrzeigersinn um die Kerze. Laß die Kerze brennen, bis sie ausgeht. Wiederhol den obigen Spruch noch zweimal, denn drei ist das magische Naturgesetz. Wenn du mehr Zeit für dich allein hast und es möglich ist, dann entzünde deine Kerze an drei aufeinanderfolgenden Nächten. Laß die Kerze in diesen Nächten immer nur ein bißchen runterbrennen, und wiederhol den oben beschriebenen Zauber.

Wenn du den Zauber vollendet hast, kannst du die Überreste die Toilette hinunterspülen (natürlich nicht die Knochen!), oder du bringst die Reste zu einem lebenden Gewässer. Tu, was für dich am leichtesten geht.

Das ist eine mächtige Verhexung, die auch die Geister im Jenseits miteinbezieht. Wenn du »Ich spreche nicht mit einem Lebenden, sondern mit einem Toten« sagst, benennst du den Geist in deinem Mißbraucher – ein trauriger Geist, der sowohl für die Chance dankbar sein wird, dir zu helfen, als auch für die Chance, ein neues und besseres Leben zu beginnen. Es ist zwar wahr, daß die meisten Mißbraucher selbst mißbraucht worden sind, doch können die meisten nicht mehr in diesem Leben geheilt werden. Und nicht alle mißbrauchten Kinder werden als Erwachsene ebenfalls zu Mißbrauchstätern; das zeigt, daß der einzelne selbst einen Teil der Verantwortung tragen muß. Du bist deinem eigenen Leben und deinen Kindern verpflichtet. Zerbrich dir nicht den Kopf darüber, wie es denn zu dieser Trennung oder Scheidung kommen soll – laß das Schicksal seine Fäden spinnen. Such dir Plätze, wohin du flüchten kannst, nimm Kontakt mit Polizistinnen, mit Frauenzentren, mit Therapeutinnen auf. Schreib Briefe an die Behörden, um schon mal eine Aktenspur zu legen. Bleib nicht stumm. Beginn vorsorglich zu sparen, und bereite deine Kinder darauf vor zu fliehen, wenn du ihnen sagst, es sei jetzt soweit. Und vor allem sag dir selbst immer wieder jede Nacht: »Ich bin stark, ich verdiene Liebe und Fürsorge, und ich werde überleben!«

Paß auf dich auf – um jeden Preis. Streb eine gesunde Beziehung voll Geborgenheit an, die dich unterstützt.

Bettgeflüster

Leck deine Lippen heute nacht; knabbere am Ohr deines oder deiner Geliebten und flüstere ihm oder ihr genau das, was du willst, zu. Sei mutig; laß deinen Liebsten/deine Liebste wissen, worauf du dich heute schon freust

– auf lange, tiefe Küsse und den einfallsreichen Gebrauch seiner/ihrer Zunge.

Dienstagabend: Oraler Sex

Als du ein Kind warst, war Sex ein verbotenes Thema. Niemand sprach darüber. Unsere Eltern dachten wohl, wenn sie etwas nicht anerkennen würden, könnte es auch uns nicht interessieren. Oder wenn sie Sex nicht ignorierten, versuchten sie zumindest, uns abzuschrecken. Meine Mutter sagte immer, es sei so leicht, schwanger zu werden, und daß es schon reiche, wenn ich mich an einem Jungenkörper reibe. Diese kleinen, hartnäckigen Spermien würden dann schon ihren Weg durch meine Kleider finden und irgendwie in mich reinkommen. Ich glaubte meiner Mama und blieb bis zu meiner Heirat eine Quasijungfrau. Das kann ich keineswegs empfehlen.

Meine Mama erwähnte mir gegenüber niemals etwas von oralem Sex. Eines Abends schlug ich meinem Mann vor, es könne doch Spaß machen, es zu versuchen. Er beugte sich so vorsichtig über mich, als würde er in eine Schlangengrube schauen. Er war genauso nervös und ängstlich wie ich. Ganz vorsichtig erforschte er meine Vulva; dann leckte er zögernd an meiner Klitoris. Da er nicht sofort tot umfiel, probierte er es weiter. Seine ungeschickten Versuche machten mich nicht wirklich an. Er wußte nicht, was er da tat, und ich wußte nicht, wie ich ihm hätte erklären können, was ich wollte. Erst viel später in meinem Leben erkannte ich, worum oraler Sex sich wirklich dreht.

Die meisten von euch würden sich wohl wünschen, daß ihre Partner größeres Interesse zeigen würden, sich darauf einzulassen – da bin ich mir ganz sicher. Die unschuldige Vulva ist für uns Frauen der Schlüssel zu unserer Intimität und zu unseren Freuden. Der ganze

Bereich ist hochempfindlich – von der Klitoris bis zum Anus. Wir wollen, daß unsere Liebsten sich der Vulva annähern, als würden sie ihr den Hof machen – mit sanften Liebkosungen, Liebesworten und einer beweglichen, fordernden Zunge. Laß deinen Geliebten wissen, was du gern magst. Willst du, daß dein Geliebter damit beginnt, dich hinter den Ohren zu lecken und sich dann langsam den Weg hinunter sucht, bis du vor Verlangen brennst?

Der Gebrauch der Zunge beim Sex ist eine Kunst. Eine Frau weiß instinktiv, wann es ihrem Liebsten Spaß macht, ihr Freude zu bereiten. Männer geben an, daß sie oralen Sex sehr schätzen. Dein Partner würde es auch sehr genießen, wenn du dich bei ihm hinunterarbeiten würdest, und hoffen, daß das für dich auch aufregend und lustvoll ist. Man sagt, daß ein Mann eine Erektion haben und auch länger halten kann, wenn er eine Frau oral befriedigt. Oraler Sex an dir bedeutet, daß dein geheimes, tierisches Selbst anerkannt wird; und das ist auch ein absolutes Muß, wenn du jemandem erlaubst, in deinen Körper einzudringen. Wenn du genießt, was dein Liebster da macht, dann laß es ihn auch spüren.

Stöhne. Laß deine Finger durch sein Haar gleiten. Drück seinen Kopf an dich. Erschaff Harmonie durch deine Bewegungen. Stell dir das als eine lang andauernde Aktivität ohne höchstes Ziel vor. Die Zeit setzt aus. Erforscht einander. Genießt einander. Nehmt euch Zeit, und legt eine kleine Pause ein, wenn euch danach ist. Vielleicht kommt er. Wenn etwas Lustiges geschieht, haltet kurz inne und lacht. Bei den Eskimos heißt Liebe machen zusammen lachen. Also denk daran: Sei leichten Herzens und verspielt, wenn du Liebe machst.

Sex ist etwas, was sich zwischen zwei Körpern und zwei Seelen abspielt. Oraler Sex würdigt den Mut, die Verbundenheit, die Intelligenz unserer Körper. Guter oraler Sex ist großartig; er bringt dich und deinen Geliebten oder deine Geliebte auf eine Vertrauensebene, die euren Liebesakt noch vertiefen wird.

Solosex

Sei verspielt heute nacht. Du weißt ja, wie du Spaß haben kannst, und heute nacht solltest du diese Energie auf dich selbst richten. Auch wenn über Sexspielzeug oft nur unter engen Freundinnen und dann nur im Spaß getuschelt wird – es gibt doch viele Frauen, die tatsächlich so etwas ihr eigen nennen. Dieser Massagestab, den du für deinen schmerzenden Rücken gekauft hast, kann noch für einige andere Dinge verwendet werden. Und ich glaube auch nicht, daß du nur deine Rückenschmerzen im Sinn hattest, als du den Massagestab kauftest. Fühl dich nicht vor den Kopf gestoßen. Viele Frauen besitzen einen Vibrator und Dildos. Das stimmt, es ist wahr. Spiel heute nacht mit deinem Sexspielzeug. Wenn du keines besitzt, dann möchte ich, daß du zumindest versprichst, daß du einen Schaufensterbummel machst. Wenn es dir zu peinlich ist, in einen Sexshop zu gehen, dann sei erfinderisch. Geh ins nächste Kaufhaus, und besorg dir einen Massagestab. Lächle die Verkäuferin einfach an, und erzähl was über die Spannung in deinem Nacken. Wenn du aus dem Geschäft rausgehst, kannst du ruhig schon mal aus Vorfreude kichern.

Wenn du zuviel Angst hast, das zu tun, dann durchsuch doch mal deinen Kühlschrank nach einem erotischen Produkt. Etliche Frauen sagen, daß sie viel lieber ab und zu einmal eine Gurke genießen. Du mußt sie nur vorher und nachher gründlich waschen und ein Kondom benutzen. Es gibt zwar kein Sperma, aber die Pestizide sind auch nicht ohne. Du solltest immer Safer Sex praktizieren, auch wenn du allein bist.

Bettgeschichte: Baba-Jaga und ihre Söhne

Die alte Baba-Jaga ist eine Großmutter, und sie ist sehr eigensinnig. Sie lebt in einem Haus, das sich die ganze Zeit dreht, denn es ist auf den Beinen eines Riesenhuhns erbaut. Wenn du dich ihrem Haus näherst, dreht es sich, um dich im Visier zu haben. Die Baba-Jaga ist stets wachsam; du kannst dich niemals von hinten an sie anschleichen. Ihre Söhne sind die vier Winde, und ihre Töchter sind die Feen; sie alle hören immer auf die Baba-Jaga.

Es war einmal, da lebte ein herzloser Gutsherr, dem es gefiel, seinen Untertanen unmögliche Dinge aufzutragen. Wenn sie dabei scheiterten, tötete er sie. Eines Tages nun befahl er seinem Diener, einen Brief ins benachbarte Land zu bringen und mit der Antwort zurückzukehren und das binnen drei Stunden! »Aber Herr«, protestierte der Diener, »in drei Stunden kann ich kaum unsere eigene Grenze erreichen!« Aber sein Einwand fand kein Gehör, und so machte er sich traurig zu Pferde auf den Weg.

Er betete zur Baba-Jaga, weil er wußte, daß sie mitten im Wald lebte und Gedanken lesen konnte. Während er so dahinritt, tauchte plötzlich auf der Straße ein dunkler Fremder auf, der einen von drei Rössern gezogenen Wagen lenkte, und sprach ihn an. Der Diener erzählte dem Fremden von dem unmöglichen Auftrag. »Denk dir nichts dabei!« antwortete der dunkle Mann. »Spring einfach in meinen Wagen, und ich werde dich im Handumdrehen hinbringen.«

Der Wagen flog so schnell dahin, daß der arme Diener fast die Besinnung verlor. Das nächste, was er wußte, war, daß er sich am Hofe des benachbarten Königreiches befand. Er übergab seinen Brief und erhielt das Antwortschreiben. Als er nach Hause ritt, traf er abermals den dunklen Fremden.

»Jetzt spring in meinen Wagen«, sagte der Fremde, »ich bringe dich so schnell zurück, daß dir noch Zeit übrigbleibt!«

Der Diener kroch in den Wagen, und genau wie zuvor schwanden ihm die Sinne, als das Gefährt durch den Raum zu fliegen begann. Das nächste, was er wußte, war, daß er sich außerhalb seiner Stadt am Straßenrand wiederfand. Der dunkle Fremde hieß ihn absteigen und sprach: »Sag deinem Herrn, daß du mit einem Gott gereist bist!« Und damit fegte der Fremde wieder davon, so schnell wie der Wind.

Als der Herr sah, daß sein Diener die unmögliche Aufgabe gelöst hatte – und eine Stunde war ihm noch geblieben –, fragte er ihn, wie er das gemacht habe.

»Ich bin mit einem Gott gereist«, gab der Diener zur Antwort.

Plötzlich konnte der Herr den Klang der Peitsche, die die Pferde des Westwinds antrieb, vernehmen – und der Ton durchschnitt sein Herz wie ein Pfeil. Da brach er tot zusammen, und er quälte seine Diener nimmermehr.

Mittwochabend

Kommunikation ist eine intime Sache

Die Energie am Mittwochabend

Heute ist der Abend der echten Kommunikation. Diskutiere alles ausführlich während des Abendessens mit deinem Partner/deiner Partnerin aus. Werdet die alten Streitpunkte endlich los. Flüstere ihm oder ihr Liebesworte ins Ohr. Schreib einen Liebesbrief. Gib dir selbst das Versprechen, daß du dich heute abend öffnest und deinem oder deiner Geliebten genau das sagst, was dir am Herzen liegt. Dein Herz soll sprechen. Sag die Wahrheit, und wähl deine Worte mit Bedacht. Es ist nicht nötig, daß du irgend etwas aus der Vergangenheit ausgräbst, das ja, wie du weißt, schon längst vergessen sein sollte.

Wenn du als Single lebst, ruf die Leute an, die dir am Herzen liegen. Bring die Angelegenheit mit deinen Eltern ins reine. Sprich Klartext mit deinen Freunden und Freundinnen. Oder du könntest ein paar Leute einladen oder planen, bei einer Freundin zu übernachten. Schreib deinen Freundinnen, die in eine andere Stadt gezogen sind, einen Brief. Sarasvati, die Hindugöttin der Bewußtheit, wird mit dir sein, wenn du die Briefe schreibst. Betrachte das Schreiben nicht als Bürde, sondern als Ritual zu Ehren der Sarasvati.

Was der Mittwochabend bedeutet

Mittwoch war ursprünglich Wotans Tag. Wotan war der germanische Gott des Bewußtseins und der Kommunikation, der Magie, der dichterischen Eingebung und der Ekstase, und er wird dich nach innen lenken, damit du deine wahren Motive erkennst. Du solltest dir, wenn du dich mitteilst, immer deiner Beweggründe bewußt sein. Mittwoch ist der Tag für intime Beziehungen, und das schließt auch das Beobachten und Nachdenken mit ein. Betrachte dein Leben. Denk über deine Lebenssituation und deine Beziehungen nach. Sei dir darüber, was geschieht, im klaren. Was willst du – mit oder ohne Worte – den anderen in deiner Umgebung mitteilen? Durch die Art, wie du handelst und reagierst, sendest du Botschaften aus.

Merkur ist die römische Gottheit, die Wotan am ehesten entspricht, und er wurde auch oft mit ihm gleichgesetzt. Den Römern nach beherrschte der Planet Merkur den mittleren Tag: Mittwoch. Merkur war der Gott des Handels, der Illusion und der Magie. Er war klug, aber ein bißchen gerissen. Laß also Vorsicht walten, wenn du an einem Mittwoch Geldgeschäfte tätigst. Das griechische Gegenstück zu Merkur war Hermes, der Sohn Jupiters und Maias. Hermes fungierte als Götterbote und Führer, der die Verstorbenen in die Unterwelt geleitete.

Odin, die nordische Entsprechung des Wotan, war sowohl der Gott der Schlachten als auch der Dichtung. Du könntest dich also in Form eines Gedichtes deinem oder deiner Liebsten mitteilen; und Odin wird über dich wachen, wenn du dein Gedicht an einem Mittwoch abend schreibst. Er wird dir helfen, die rechten Worte zu finden, um deiner Liebe Ausdruck zu verleihen.

Die Göttin der Mittwochnacht: Hygieia

Wenn du krank bist, solltest du zur Göttin der Heilung beten, zu *Hygieia*. Oft wird sie als dunkelhäutige Frau in den mittleren Jahren, gewandet in lange Roben, dargestellt. Sie hat eine Python, das Symbol der Regeneration und der Heilung, um sich geschlungen. Sie ist die Göttin der Vorsorge. Hygieia drängt dich, regelmäßig zum Arzt zu gehen. Wann bist du zuletzt dort gewesen? Dein Körper ist sehr wichtig. Schenk deinem Körper Aufmerksamkeit. Sorg für deinen Körper. Hygieia ist die Patronin der Voraussicht; sie kann dir helfen, eine Krankheit mittels Vorsorgeuntersuchungen zu vermeiden. Die regelmäßige Selbstuntersuchung deiner Brüste ist beispielsweise für dich äußerst wichtig. Wenn du dir nicht ganz sicher bist, wie du vorgehen sollst, frag deine Ärztin oder deinen Arzt.

Zur Zeit der Griechen errichtete man der Hygieia Statuen, um Epidemien und die Pestilenz von den Städten fernzuhalten. Von ihrem Namen stammt das Wort Hygiene. Ihre Schlange ist noch heute das Symbol der Ärzte und Pharmazeuten.

Die Atmosphäre am Mittwochabend

Manchmal ist es schwierig, mit deinem oder deiner Geliebten zu reden. Wenn du einen neuen Partner hast, kann es schwierig sein, überhaupt das richtige Wort zu finden. Die Farbe Gelb wird dir helfen, all deinen Mut zusammenzunehmen und den Mund aufzumachen, sei es, daß du Herzensangelegenheiten oder leidenschaftliche oder banale Dinge (»Ich hab heute abend schon wieder abgewaschen, während du bloß rumgesessen bist und die Zeitung gelesen hast«) besprechen mußt. Gelb unterstützt die Kommunikation – sowohl körperlich als auch spirituell. Es ist einer friedlichen Unterhaltung mit Tiefgang förderlich. In deinem Schlafzimmer angemessen verwendet, wird dich diese beruhigende Farbe darin unterstützen, Auseinandersetzungen zu vermeiden. Gelb ist eine sehr spirituelle Farbe, die dir hilft, dich mit der Göttin, der Erde und den Menschen um dich herum zu verbinden.

Türkis (ein helles grünliches Blau) hat die femininste Schwingung. Wenn du diese Farbe trägst oder Laken in dieser Farbe verwendest, verkündest du allen, die dein Schlafzimmer betreten, voll Stolz, daß du eine schöpferische Liebhaberin bist, daß du es genießt, möglichst viel übers Leben zu lernen und neue Wege zu gehen.

Ozeanblau (Blaugrün) sagt: »Ich bin tiefgründig und liebevoll und tröstend, und ich werde dich in meine Liebe hüllen.« Ozeanblau zu tragen stellt euer Vertrauen in die Beziehung wieder her. Es ist am leichtesten, deinem oder deiner Geliebten Vertrauen zu schenken, wenn du diese Farbe trägst. Warum nicht eine ozeanblaue Kerze entzünden und deinen Liebsten/deine Liebste ermutigen, dir von einer Zeit zu erzählen, die sie oder er nahe am Meer verbracht hat? Vielleicht fiel diese Zeit ja auch in ihre oder seine Jugend, und sich daran zu erinnern, wird deinen Partner in eine verspielte Stimmung bringen. Euer Liebesakt wird himmlisch sein (solange kein Sand im Bett ist).

Die Bach-Blütenessenzen für den Mittwochabend: White Chestnut, Mimulus und Star of Bethlehem

Der Mittwochabend ist eine ausgezeichnete Zeit für einen Gedankenaustausch. Aber wenn sich herausstellt, daß dein Geist nicht zur Ruhe kommt, probier es mit der Bach-Blütenessenz *White Chestnut*. Einige Tropfen dreimal täglich werden dir helfen, deine endlos kreisenden Gedanken zu stoppen. Das wiederum wird deine Ängste abbauen, dir Konzentration schenken und deine geistige Ruhe vertiefen. White Chestnut wird dir helfen, gelassener zu werden und gesammelt zu bleiben. Aus diesem Zustand der Ruhe heraus wirst du plötzlich feststellen, daß sich Lösungen für deine Probleme zeigen. Erkenntnis braucht einfach Zeit, um sich entfalten zu können. Entspann dich. Zerbrich dir nicht den Kopf darüber, ob dich der neue Freund oder die neue Freundin wohl anrufen wird oder nicht. (Und wenn die Person schon nicht anruft, warum greifst du eigentlich nicht selbst zum Telefon? Er oder sie wartet vielleicht auf ein Lebenszeichen von dir.)

Wenn wir uns krank fühlen, kann das unsere Zuversicht trüben und uns mit Furcht erfüllen. Nimm die Bach-Blütenessenz *Mimulus*, um Ängste zu mildern. Trag die Essenz bei dir. Wenn die ersten Angstsymptome zuschlagen – wenn du spürst, wie dein Herz klopft oder du dich kurzatmig fühlst –, gib ein paar Tropfen auf deine Zunge, und atme tief durch. Wenn dich aus irgendeinem Grund etwas vollständig aus den Fugen geraten ließ – wenn du gefeuert worden bist, du gerade geheiratet hast oder geschieden wirst –, empfehle ich ein paar Tropfen *Star of Bethlehem*. Diese Bach-Blütenessenz hilft deinem System, Schockzustände zu verarbeiten.

Das Bad am Mittwochabend: Transformation

Die Farbe für das Bad heute nacht ist Gelb – die Farbe der Transformation und der Manifestation. Besorg also ein gelbes Badesalz oder Badeöl. Damit du dich nach dem Bad belebt und angeregt fühlst, solltest du Zitronenmelisse oder Zitronenbalsam probieren, das sind Kräuter beziehungsweise Essenzen, die schon die Griechen vor über zweitausend Jahren anwandten. Zitronenbalsam wirkt Depressionen entgegen und vertreibt Melancholie. Die Zitronenmelisse besitzt wunderschöne Blätter und verströmt einen köstlichen Zitronenduft. Während du im Bad sitzt, stellst du dir vor, wie alle Mißverständnisse schwinden und daß du bewußt zuhörst, dich klar ausdrückst und auch verstanden wirst.

Zauber für Gesundheit, Heilung, Geburt und Tod

1. Deine Genitalien segnen

Deine Genitalien sind der Mittelpunkt all deiner Freuden, und es ist wichtig, ihre Gesundheit zu erhalten. Wenn du an einer durch Sexualkontakt übertragenen Krankheit leidest, mach es zu deiner heiligen Pflicht, diese nicht weiterzuübertragen. Erkundige dich nach Safer Sex, und betreib auch nur Safer Sex. Wende die folgende geleitete Meditation allgemein zur Heilung an oder um die Gesundheit deiner Geschlechtsorgane wiederherzustellen:

Zur vollen Mondin solltest du dich entspannen, hinsetzen und ungefähr fünfzehn Minuten lang meditieren. Stell dir vor, wie du barfuß zu einem Tempel, der in deiner Vorstellung existiert, schreitest – einem wunderschönen, sicheren Ort. Geh ganz in dem Gefühl dieses Friedens auf. Erwarte die Göttin und sieh, ob sie dir etwas mitteilen will. Schau, ob du Einsichten gewinnst. Vielleicht erscheint sie dir als Freundin; es kann sein, daß sie dir als die Göttin in der vollen Pracht ihrer Nacktheit erscheint. Laß dich durch ihre Ehrlichkeit nicht erschrecken – sie ist die Göttin der sexuellen Begegnung. Sie ist ein Juwel und sie ist frei. Nun bitte sie, deine Genitalien zu segnen, damit sie von jeglicher Krankheit genesen und all deine Freuden tief und wertvoll sein mögen. Räuchere mit Moschus, dem Duft, den die Göttin mag. Bedank dich aufrichtig bei ihr, bevor du den Tempel verläßt, um in dein Alltagsleben zurückzukehren.

2. Geheilt werden

Errichte einen Altar mit einem weißen Tischtuch, einer Vase und zwei weißen Kerzen. Stell die Kerzen links und rechts neben ein Bild der Göttin, in welcher Form auch immer. Es könnte das Bild einer einzigen Rose oder einer Muschel sein. Die große Spenderin allen Lebens, die Quelle jeglicher Energie manifestiert sich in all den wunderschönen Dingen um uns herum. Stell frisches Obst als Opfergabe vor die Göttin. Leg dich nun ins Bett, betrachte deinen Altar, und stell dir vor, wie die Göttin Heilenergie auf dich richtet und ausstrahlt. Sprich:

> Gnadenreicher, leuchtender Stern,
> Himmelskönigin!
> Dein ist der Lebensstrom,
> deine Essenz ist in mir.
> Erneuere meinen Körper, meine(n) (benenne den schmerzenden Körperteil),
> so wie du dich ständig erneuerst,

gnadenreicher Abendstern,
Himmelskönigin!
Laß all das geschehen!
(Dreimal wiederholen)

Besorg dir ein paar Lorbeerblätter aus der Küche. Verbrenn jedesmal, wenn du das Gebet sprichst, ein Blatt. Wenn du die Lorbeerblätter mit Sandelholz mischt, wirst du jeglichem Unglück entgegenwirken und reinen Tisch machen. Halte nun eine Minute lang inne, und spür einfach die Göttin im flackernden Licht der Kerze, in der Blumenpracht.
Dann sprich:

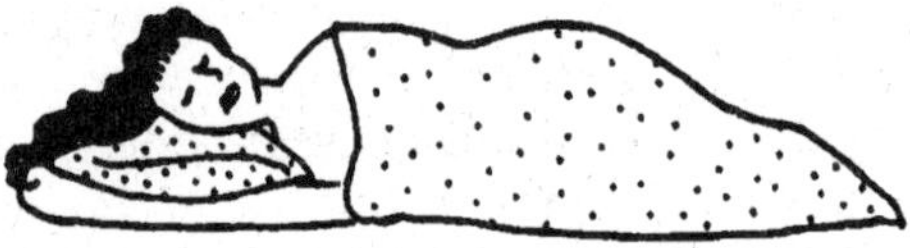

Alles, was mein ist, ist dein.
Ich gebe dir meinen Schmerz, meine Krankheit,
meine Pein.
Alles, was dein ist, ist mein.
Ich nehme den Segen
meiner himmlischen Mutter entgegen.

Wiederhole diesen Zauber so oft wie du magst. Deine Zuversicht wird steigen, und während das geschieht, wirst du schneller gesund.

3. Eine kleine Gesundheitsstörung kurieren

Wenn du krank bist, brauchst du Bettruhe. Die älteste der alten Heilmethoden ist, deinen Körper in der Sicherheit deines Bettes genesen zu lassen. Schlafe. Warte nicht, bis du total erschöpft ins Bett fällst. Leg dich dann nieder, wenn du spürst, daß es nötig ist, dich auszuruhen. Sich auszuruhen ist die beste Gesundheitsvorsorge, und doch ist es schwer, sich daran zu erinnern und es auch zu tun. Wir werden darauf getrimmt, unseren Körper zu ignorieren. Wir wollen unsere aufregenden Aktivitäten nicht einfach unterbrechen, nur damit wir uns um unseren Körper kümmern, bevor er weh tut. Ich allerdings lege mich gern ins Bett und verbringe den Tag mit Lesen. Tue ich das, wenn ich wetterfühlig bin, fange ich mir keine Erkältung ein.

Sieh zu, daß du alles nötige bei dir hast, bevor du dich hinlegst – Medizin, Essen, Blumen, viele Kerzen –, und daß jemand nach dir schaut. Stell dann eine orangefarbene Kerze in ein feuersicheres Gefäß und entzünde sie. Leiste nun ihrem flackernden Licht eine Woche lang Gesellschaft. Orange wirkt energiespendend und wird mit Gesundheit und Lebenskraft in Verbindung gebracht. Und es ist eine warme Farbe. Wenn du krank bist, hält deine Wilde Frau gern Nachtwache bei einem orangefarbenen Licht. (Wenn du Fieber hast, benutz lieber eine blaue Kerze; sie hilft dir, deinen Organismus abzukühlen.) Deine Freundinnen sollten viele grüne Zweige bringen, um dich legen und dir damit eine kühlende Umgebung schaffen.

Kurz bevor eine Kerze niedergebrannt ist, entzündest du an ihrer Flamme die nächste. Reich die Flamme immer so weiter, bis du wieder ganz in Ordnung bist. Die Kerzen am Brennen zu halten stabilisiert auch die Schwingung der Farbe. Wenn dich das Geflacker in der Nacht stört, dann stell die Kerze einfach in ein anderes Zimmer. Einige halten ein flackerndes Licht nicht die ganze Nacht lang aus. Es ist in Ordnung, die Kerze wegzustellen – nur blas sie nicht aus! Laß sie brennen.

4. Eine schwere Erkrankung heilen

Wenn du dich zu Hause von einer schweren Krankheit erholst – von einer Krebsbehandlung oder von einer Operation –, dann laß weiße Kerzen brennen. Du wirst wahrscheinlich einen längeren Schlafzimmeraufenthalt vor dir haben. Du kannst dir einen Heilaltar errichten, indem du Bilder von deinen verstorbenen Liebsten aufstellst – von deiner Lieblingstante, deiner Mutter, deinem Vater, deinen Großeltern. Das heißt keineswegs, daß du ihnen Gesellschaft leisten willst; es bedeutet, daß du sie alle anrufst, dir bei der Heilung beizustehen. Dazu ist die Macht der Ahnen da. Während du in deiner Welt lebst, leben sie in der ihren. Wenn du sie anrufst, werden sie dir noch mehr Saft vom Lebensbaum zufließen lassen.

Bereite ein leicht durchzuführendes Ritual vor, eines, das du ausführen kannst, ohne allzusehr zu ermüden. Du könntest die kurzen, unten angeführten Gebete sprechen – den einen Teil morgens und den anderen abends. Schau eine Weile in den hellsten Punkt der Kerzenflamme, bis dein Geist in der Flamme versinkt. Wenn alles, was du noch sehen kannst, Licht ist, dann sprich:

> Gesegnet sei mein Schicksal, und gesegnet sei mein Leben!
> Ich bin eins und ganz in meiner göttlichen Mutter.

Abends kannst du dann sagen:

> Gesegnet sei die Nacht, und gesegnet sei mein Schicksal!
> Meine Mutter wacht über mich, während ich träume.

Iß täglich drei Blätter von wildwachsenden Pflanzen deiner Umgebung (natürlich nur, wenn du sie verträgst). Diese Blätter können vom Löwenzahn oder Gänseblümchen stammen. Laß dir von einer Freundin ein Buch besorgen, in dem du erfährst, wie du wildwachsende Pflanzen bestimmen kannst, und dann laß dir von deiner Freundin Blätter bringen. Wenn du deiner Wilden Frau drei Bissen von etwas Wildgewachsenem gibst, wird sie dir so dankbar sein, daß sie den Heilungsprozeß beschleunigt. Unser Körper ist für diese wildwachsenden »Unkräuter« da draußen geschaffen. Wenn du dir wildes Grünzeug in kleinen Mengen zuführst, wird dein ganzer Körper daran erinnert.

5. Einen Raum für eine Geburt reinigen

Jahrhundertelang haben Frauen ihre Kinder zu Hause gekriegt. In den letzten Jahren hingegen wurde die Geburt (und auch der Tod) in das Krankenhaus verbannt. Aber glücklicherweise ist mittlerweile auch eine Hausgeburt mit Hilfe einer Hebamme wieder zu einer gangbaren Alternative geworden.

Wenn du zu Hause gebären willst, dann bereite in deinem Schlafzimmer einen Altar für die Große Mutter. Bedeck den Altar mit einem weißen Tuch, und stell ein Bild der Mutter darauf. Das kann jedes dafür passende Bild sein – von der Venus von Willendorf bis zur Jungfrau Maria. Es könnte auch ein Bild aus einer Illustrierten sein, das für dich die Schönheit der Mutterschaft darstellt. Besorg dir eine hohe rote Kerze in einem feuersicheren Gefäß, Räucherwerk und eine Schale Wasser mit ein bißchen aufgelöstem Salz darin. Füg noch frische Blumen hinzu, damit auch die ewige Wiederkehr der Göttin dargestellt ist.

Wenn die Wehen beginnen, soll jemand die Schale gegen den Uhrzeigersinn im Zimmer herumtragen und dabei Salzwasser auf den Boden und in die Ecken spritzen. Wenn es dieser Person geläufig ist, Segnungen zu sprechen, würde ich in etwa folgendes vorschlagen: »Im

Namen Lucinas möge dieser Raum von allem Schlechten gereinigt sein!« Sprecht das mehrmals aus. Entzünde die Kerze und das Räucherwerk. Deine Freundinnen sind möglicherweise zu beschäftigt, als daß sie das Räucherwerk auf Sparflamme in Gang halten können. Die Kerze jedoch wird wahrscheinlich die ganze Nacht lang brennen. Und denk dran: Überkreuzte Beine entkreuzen und alle Türen im Raum öffnen!

Vergiß aber die Göttin nicht, sobald das Kind geboren ist. Sprich Lucina deinen Dank aus, der Göttin der Geburt. Vieles vom Wechselspiel zwischen dir und deinem Kind wird sich in deinem Schlafzimmer abspielen. Viele Frauen lassen die Wiege monatelang in der Nähe von ihrem eigenen Bett stehen. Sogar dann, wenn das Baby ein eigenes Zimmer hat, wirst du es vielleicht trotzdem zu dir ins Schlafzimmer holen wollen, um es zu stillen. Du könntest dein Kind im Sitzen stillen, aber möglicherweise stellt sich heraus, daß es für dich bequemer ist, wenn du auf deinem Bett liegst. Wenn du tatsächlich in deinem Schlafzimmer stillen solltest, dann achte darauf, daß nur frische Blumen in der Nähe stehen. Abgestandenes Wasser solltest du aus dem Zimmer entfernen – beispielsweise ein vergessenes Glas Wasser. Im abgestandenen Wasser verfangen sich die Seelen der Verstorbenen.

Muttermilch hat auch, abgesehen von der Sättigung des Babys, vielfältige magische Verwendungsmöglichkeiten. Stillende Mütter werden direkt mit der Göttin in Verbindung gebracht; sie sind ein lebendiges Abbild der Mutter, die uns alle nährt. Aus diesem Grund wird die Muttermilch auch als äußerst starker Schutz angesehen. In Ungarn wird die Muttermilch – eigentlich die Milch zweier milchspendender Frauen – zudem für das Pogasca, ein speziell geformtes Brot, verwendet. Im Ersten Weltkrieg nahmen Soldaten einige Stücke Pogasca mit an die Front, um geschützt zu sein. Man sagte diesem

Backwerk nach, daß es viele Menschen, deren Leben an einem seidenen Faden hing, gerettet habe. Man erzählte sich, daß jeder andere fiel, bis auf den Besitzer dieses wunderbaren Talismans, weil die Muttermilch vor dem Tod schütze. Man verwendete die Muttermilch auch als Medikament, um Kleinkinder von Augenkrankheiten und Ohrinfektionen zu heilen. Und vor der Frühlingsaussaat war es Brauch, die Saat mit Muttermilch zu beträufeln, um eine reiche Ernte sicherzustellen.

6. Sterbebegleitung

Auch wenn es mir keine Freude bereitet, in einem Buch, das die Liebe und die Leidenschaft feiert, den Tod anzusprechen – ab und zu betritt der Tod unser Schlafzimmer. Eigentlich können wir von Glück reden, wenn wir in unserem eigenen Bett, im Kreise unserer Familie sterben.

Wenn eine Person schon lange zwischen Leben und Tod schwebt, dann entzünde orangefarbene Kerzen um sie herum, um die Lebenskräfte anzuregen. Entzünde eine weiße Kerze, um den Segen der Engel herabzubeschwören. Eine Person, die zu sterben bereit ist, sollte ihren Geist entspannen und wissen, daß dieses Leben mit dem nächsten verbunden ist. Menschen sterben nicht wirklich, sie gehen lediglich in eine andere Ebene über, und von dort aus behüten sie uns. Die Sterbenden müssen letztendlich sterben. Und wenn sie das tun, müssen wir sie zu ihrer nächsten Bestimmung ziehen lassen.

Wenn die geliebte Person im Sterben liegt, dann versammelt euch um sie herum und beginnt, tief und vereint zu summen. Laßt einfach eure Stimmbänder schwingen, und schickt eure Energie in euer Kopfchakra, bis es sich anfühlt, als würde euer Gehirn mitschwingen. Das ist ein tröstender, intimer Klang, den der oder die Sterbende sogar dann spüren kann, wenn ihn oder sie keine Worte mehr erreichen. Leg die Lieblingsmusik des Sterbenden auf. Halte seine Hand. Weine, wenn du mußt, aber leise für dich – es ist für Sterbende nicht gut, die Trauer mitzubekommen. Den Sterbenden tun dann die Hinterbliebenen leid, und das verlängert den Prozeß des Loslassens.

7. Einen Sterbenden reinigen

Füll frisches Wasser in eine Schüssel, streu ein bißchen Salz hinein. Halte nun deine Hände über das Wasser, projiziere deine eigene Lebensenergie hinein und sprich:

> Dies ist das Wasser des Lebens,
> dies ist das Wasser unserer Tränen,
> reinige alles, was du berührst,
> segne all die Angst, die du spürst, hinweg.

Tauch jetzt eine Blume in die Wasserschale, und schüttle sie ganz sanft über der sterbenden Person, damit ein bißchen Wasser aufs Bett und den Körper gelangt. Sprich:

> Gesegnet bist du in den Augen der Mutter;
> gesegnet bist du in den Augen deiner Kinder;
> gesegnet bist du durch all deine Taten;
> gesegnet bist du durch alles, was du vollendet;
> gesegnet und gereinigt bist du.
> Keinen Schmerz gibt es dort, wo du hingehst;

keine Trauer, dort, wo du empfangen wirst –
nur das Glück der Heimkehr;
dort gibt es nur die Glückseligkeit des Angekommenseins.
(Wiederhol das, sooft du magst.)

Wenn du siehst, daß die Person ihren Körper verlassen hat, dann verfall nicht in großes Wehgeschrei, das voll negativer Energie wäre. Bleib ruhig. Laß die Seele, die nun wie ein Kind ist, in Stille ihren Weg nach Hause finden. Die Reise wird schwierig und gefährlich, wenn die Seele durch die in ihrer Trauer wehklagenden und jammernden Liebsten gestört wird. Bewahrt die Fassung. Betet, wenn ihr wollt. Löscht die Kerzen, denn die Flamme lockt nur die Seele der Person in den toten Körper zurück. Verhüll, um sicherzustellen, daß das Ende von allen akzeptiert wird (auch von der toten Person, die entweder weiß oder nicht weiß, daß sie tot ist), alle Spiegel mit weißen Leintüchern. Dreh alle Bilder und Fotos zur Wand, und deck die Möbel ab.

In Ungarn gibt es einen Leichenschmaus, und die Trauergemeinde tut dabei so, als würde man sich mit der toten Person unterhalten. Man stellt ihr auch ein Essen und Wein hin. Jeder spricht mit der toten Person und verhält sich dabei, als ob sie anwesend wäre. Nach dem Fest geben sie die Essensportion des Toten den Tieren, und sie gießen den Wein auf die Erde, wo die Erdgöttin ihn in sich aufnimmt.

8. Ein Jahresgedenktag

Zähl in deinem Kalender nach einem Todestag neunundvierzig Tage weiter, und streich dir diesen Tag an. Warum neunundvierzig Tage? Die Hexen und die Tibeter glauben, daß die Verstorbenen nach ihrem Tod so lange schlafen. Nach neunundvierzig Tagen wachen sie auf und beginnen ihr neues spirituelles Leben. Am neunundvierzigsten Tag wirst du einen alten römischen Festtag feiern: Parentalia. Veranstalte an diesem Tag eine Party, und bereite für die tote Person ein Fest vor. Lade die ein, die die tote Person geliebt haben, damit sie frei von der Leber weg miteinander über den Verstorbenen reden können. Verbringt diese Zeit vor allem in gemeinsamer Trauer und im gemeinsamen Angedenken.

Dein Fest wird ein Geburtstagsfest sein, das das Auftauchen der Seele in der neuen Welt feiert, und es kann, wie der Geburtstag, jedes Jahr gefeiert werden. An diesem Tag solltest du dir in jedem Fall Zeit dafür nehmen, deine Trauer und den Schmerz zu spüren und deine Tränen fließen zu lassen. Zu weinen hilft uns, unseren Schmerz zu verarbeiten. Der Tod ist ein Übergang, und du mußt die Toten weiterziehen lassen. Der Tod ist die Reise zurück zur Quelle, an der sie ruhen können oder die nächste Fleischwerdung auf sich nehmen. Denk daran – der Verlust ist ja nur zeitlich begrenzt. Über dem Eingang des Friedhofs, wo meine Mutter begraben wurde, steht: »Wir treffen uns alle wieder.«

Und jetzt denk nicht mehr an den Tod!

Bettgeflüster

Heute nacht flüsterst du deinem oder deiner Geliebten ins Ohr, daß du willst, daß eure Körper wie ein Körper handeln. Sag deinem Partner/deiner Partnerin, daß du mit ihm oder ihr während des Liebesaktes auch ohne Worte kommunizieren willst. Dein Geliebter/deine Geliebte ist stark und leidenschaftlich; heute liegt es an dir, das auszudrücken, was du begehrst: Leg dich zurück, entspann dich und genieß es.

Mittwochabend: Die Missionarsstellung

Obwohl die Missionarsstellung quasi die sexuelle Grundstellung und am gebräuchlichsten ist, muß sie nicht unbedingt langweilig sein. Sie kann durch euch auch zu einer schöpferischen Stellung werden, die dich in Ekstase versetzt. Es handelt sich um die Stellung von Angesicht zu Angesicht: Frau unten, Mann oben. Also die John-Wayne-Stellung – einfach und befriedigend, und sogar ehrenhaft. Sie wird allgemein akzeptiert. Ich finde die Missionarsstellung nicht übel; ich mag sie.

In die Kissen gepreßt zu werden ist ein tolles Gefühl. Du kannst das Gesicht deines Liebsten sehen, während ihr einander genießt. Einer der Vorzüge dieser Stellung ist, daß sie es unterstützt, sich einander mitzuteilen. Du und dein Geliebter seht euch direkt in die Augen. Ihr könnt einander Dinge zuflüstern; du kannst deinen Geliebten in den Hals oder ins Ohr beißen. Sogar dann, wenn ihr nicht miteinander redet, während ihr Liebe macht, könnt ihr immer noch euren Gefühlen Ausdruck verleihen. Es ist ja soviel an Kommunikation möglich in der Missionarsstellung, daß euch das Herz überläuft. Lippen küssen; Körper sind ineinander verschlungen; die Geschlechtsteile passen wie zwei Hälften zusammen und bilden ein Ganzes. Wenn dich der Körper deines Liebsten fest umhüllt, scheint in der Missionarsstellung plötzlich alles Begrenzende aufgehoben zu sein. Sei kreativ. Kleine Variationen können erstaunliche Wirkungen erzielen.

Die Missionarsstellung ist sehr gut dazu geeignet, um die Fruchtbarkeit zu steigern. Sie feiert die Fortpflanzungsfähigkeit unseres Körpers, sie verwandelt unsere Fähigkeit, Kinder zu machen in Spaß und Freude – und sie funktioniert tatsächlich. Die vielen Babys beweisen es.

Sexuell gesehen sind wir eine äußerst erfolgreiche Gattung. Unsere Fähigkeit, jeden Monat schwanger zu werden, statt nur jahreszeitlich, hat uns eine hohe Bevölkerungszahl beschert. Wir sind einfach überall. Die Demographen unseres Jahrhunderts haben ziemlich viel Zeit gebraucht, um all die Köpfe zu zählen – nur um dann zu der umwerfenden Schlußfolgerung zu gelangen, daß weniger Menschen besser wären. Es gibt eine einfache Methode, um genau das zu erreichen: Frauen müssen ihre Mutterschaft frei wählen können, anstatt hineingezwungen zu werden. Das wird die Welt nach und nach mit Kindern füllen, die auch gewollt sind. Es brauchen sich ja nicht alle Frauen fortzupflanzen. Und eine Frau, die mit ihrer Sexualität glücklich ist, wird auch in ihrer Familie Zufriedenheit verbreiten.

Warum also heute abend das Liebesspiel nicht einmal mit ganz einfachen Berührungen beginnen? Es fühlt sich immer gut an, den Rücken massiert zu bekommen. Massiert einander jeweils eine festgesetzte Zeit lang den Rücken – das ist nur gerecht. Nach den Rückenmassagen setzt euch hin. Schau deinem Geliebten in die Augen. Folg den Linien seines Gesichtes. Wie würde dieses Gesicht aussehen, wenn du es mit verbundenen Augen in Ton modellieren müßtest? Sag ihm, wie sich sein Gesicht für dich anfühlt. Laß deinen Geliebten dasselbe bei dir tun.

Viele sinnliche Berührungen, später macht ihr dann ganz langsam Liebe in der Missionarsstellung. Leite deinen Geliebten an. Drück dich klar und leidenschaftlich aus. Wenn du an einer ganz bestimmten Stelle berührt werden willst, dann sag es auch. Wenn du schnellere Stöße in dich hinein haben willst, sag es. Und wenn etwas weh tut, sag auch das. Sei behutsam in deiner Wortwahl. Deine Behutsamkeit und deine Ehrlichkeit werden dir mit Liebe und großartigem Sex vergolten werden.

Solosex

Du befindest dich aus dem einen oder anderen Grund in der Gesellschaft von niemand anderem – außer dir selbst. Das ist nichts, worüber du dir den Kopf zerbrechen müßtest. Vielleicht hast du keinen Geliebten; vielleicht ist deine Geliebte gerade weit weg; vielleicht lebst du nicht mit deinem Geliebten zusammen; vielleicht ist deine Geliebte auch nur heute abend nicht zu Hause. Denk nicht, nur weil du allein bist, könntest du keine Freuden erleben. Es mag dir vielleicht lächerlich vorkommen, aber heute abend will ich dich dazu ermutigen, einen erotischen Liebesbrief an den Geliebten dei-

ner Vorstellung oder an deine abwesende Liebste zu schreiben. Beschreib alles so genau und ausführlich wie möglich. Du hättest dir vielleicht nie vorstellen können, so etwas zu tun, aber warum solltest du es nicht einmal probieren? Verwende ein wunderschönes, wohlduftendes Briefpapier. Schreib einen Brief, den du in anderen Nächten, wenn du allein bist, wieder aus der Schublade kramen kannst. Er wird dich daran erinnern, was für eine einfallsreiche Geliebte du eigentlich bist. Wer weiß? Wenn du einen Geliebten hast, kannst du dieses Stück persönlicher Erotik mit ihm teilen. Auch wenn dein Geliebter nur heute abend nicht zu Hause ist, kannst du trotzdem einen Liebesbrief schreiben.

Oder warum nicht versuchen, deinen Liebsten/deine Liebste anzurufen und deine sexuellen Wünsche ins Telefon zu flüstern? Du wirst erstaunt sein, wie leicht es ist, jemandem am Telefon deine tiefsten Begierden preiszugeben. Du kannst deine verbalen Telefon-Phantasien vielleicht sogar ausleben. Ruf von deinem Schlafzimmer oder von irgendwo aus an, wo du völlig entspannt sein kannst und dir keine Sorgen zu machen brauchst, womöglich entdeckt zu werden. Vergewissere dich, daß sonst niemand in der Leitung hängt, wenn du telefonierst. Du mußt dich ganz wohl fühlen, sonst wird sich deine Wilde Frau telefonisch nicht bemerkbar machen.

Bettgeschichte: Diana und die Kinder

Es war einmal, da gab es irgendwo in Südeuropa einen langwierigen Krieg voll Gewalt. Zwei Kinder, ein Knabe im Alter von fünf Jahren und ein Mädchen, sieben Jahre alt, waren so rasch zu Waisen geworden, daß es niemandem aufgefallen war. Ihr altes Haus war von einem riesigen Garten umgeben, in dem Lisa und Markus sich ihre Nahrung suchten.

Aber in dem Garten gab es nichts außer einer lieblichen Statue der Mondgöttin Diana; ihre Stirn war geschmückt mit der Mondsichel, und sie hielt den unfehlbaren Pfeil und den Bogen in der Hand.

»Ach, sie ist so lieblich«, seufzte Lisa, »wir wollen ihr ein paar Blumen bringen!« Und die zwei Kinder pflückten ihr die allerschönsten Wildblumen, die sie nur finden konnten, und legten sie ihr zu Füßen.

Die Göttin rührte ihre Not, und als sie am nächsten Tag wiederkehrten, da fanden sie frisches Obst und Brot, Gemüse und einen erlegten Hasen.

Von da an brachten sie jeden Tag ihre Gabe dar, und die Göttin speiste sie. Auch kleidete sie die Kinder auf die gleiche Weise, und sie wuchsen heran, wurden groß, gesund und friedfertig.

Allmählich kehrte wieder mehr Frieden ein, und die Leute zogen in die Städte zurück. Eines Tages beschlossen die Kinder, der Stadt einen Besuch abzustatten. Als sie erklärten, wie die Göttin für sie gesorgt hatte, da staunten alle. Ihre Geschichte verbreitete sich rasch in alle Himmelsrichtungen; die Leute begannen, zur Statue zu pilgern und ebenfalls Opfergaben darzubieten. Der kleine Garten entwickelte sich zu einem wohlbestellten Schrein der Göttin, und man sagte, es sei der fruchtbarste und schönste in der ganzen Umgebung.

Eines Tages kam ein Priester daher, um nachzusehen, was es mit der Geschichte auf sich habe. Er sah, daß Haus und Garten in Ordnung waren und die Kleinen wohlerzogen und voll Ehrfurcht. Also ging der Priester, die Statue der Göttin zu schauen; und von Eifersucht und Ärger erfüllt, nahm er einen Krautkopf, der im Garten wuchs, wälzte ihn in der Erde und schleuderte ihn auf die Göttin.

»Da hast du deine Opfergabe, Diana!«

Eine Stimme sprach aus dem Gebüsch und sagte: »Du hast dein Opfer dargebracht. Sei gewiß, es wird dir in der gleichen Weise vergolten werden!«

In dieser Nacht träumte der Priester, daß ihn ein schwerer Körper niederdrückte. Er erwachte voll Furcht – und auf seiner Brust fand er den Kopf des toten Mannes, den er eine Woche zuvor begraben hatte. So groß war sein Entsetzen, daß ihn der Schlag traf, und er starb.

Der Schrein der Diana blieb für die Leute jahrhundertelang ein Platz der Heilung, bis die Kirche ihn, wie sie es mit allen anderen Plätzen der Göttinnenverehrung auch tat, zerstören ließ.

(Nach einer Geschichte in: Aradia:
Die Lehren der Hexen,
kommentiert von Charles G. Leland.
Goldmann Verlag, München.)

Donnerstagabend

Gut organisiert sein

Die Energie am Donnerstagabend

Der Donnerstagabend ist für dich ein ganz besonderes Datum. Wenn du tagsüber irgend etwas unternommen hast, um dein Leben gut zu organisieren, dann hast du den Tag optimal genutzt. Es gibt ja so viele Details, die du dir merken mußt. Wie gelingt dir das? Nicht nur der Beruf verlangt Planung, auch zu Hause mußt du dich um alle möglichen Dinge kümmern. Du hast die Woche schon fast ganz geschafft. Zahl vielleicht mal deine Rechnungen; du willst doch einen Überblick über deine Finanzen behalten.

Sei weise im Gebrauch deiner Donnerstagabende. Vielleicht willst du in deinem Schlafzimmer Ordnung schaffen und aufräumen. Du weißt zwar nicht genau, wie das passiert, aber direkt unter deinen Augen schleicht sich immer wieder Chaos in dein nettes, ordentliches Schlafzimmer ein. Verausgabe dich nicht beim Putzen, aber tu, was nötig ist, damit der Raum sauber aussieht. Heb das dreckige Kleidungsstück auf, das du über den Sessel gehängt oder einfach auf den Boden geworfen hast. Du kannst diese Dinge, ohne dich sonderlich anzustrengen, in deinem Wäschekorb deponieren, und schon sieht das Zimmer viel ordentlicher aus. Wenn du heute morgen, bevor du zur Arbeit gegangen bist, die Betten nicht gemacht hast, dann tu es jetzt. Wenn du dich dann ein paar Stunden später niederlegst, wird es sich anfühlen, als würdest du in ein frisches Bett schlüpfen.

Solltest du dich je gefragt haben, an welchem Abend du Leute zum Essen einladen solltest – am Donnerstag. Alles, was du für diesen Abend diesbezüglich planst, wird einfach vollkommen werden. Du wirst das richtige Menü auswählen, die richtige Atmosphäre wird sich einstellen, und du wirst in der richtigen Stimmung sein. Vom Wochenende trennt dich nur noch ein Tag, und alle Gäste werden schon in Wochenendlaune sein. Lad jemand Neuen ein, und erweitere deinen Freundeskreis. Donnerstagabend steht im Zeichen der Üppigkeit. Trag deinen Schmuck. Solltest du nicht die Energie haben, Gäste zu bekochen, warum verabredest du dich nicht mit einem Freund oder einer Freundin?

Es ist wichtig, am Donnerstag deinen gesellschaftlichen Terminkalender genauso durchzuplanen wie dein Leben. Wenn du irgendwelche Anrufe tätigen mußt, greif zum Hörer. Weich gesellschaftlichen Verpflichtungen nicht aus, seien sie romantischer Natur oder nicht. Ein paar abgesagte Verabredungen, und schon werden deine Freunde beginnen, sich von dir zu entfernen.

Was der Donnerstagabend bedeutet

Der Donnerstag ist nach Thor, dem nordischen Donnergott, benannt. Thor war kraftvoll und mächtig, und er hatte einen Mordsappetit, der kaum zu stillen war. Möglicherweise war er ein bißchen schwerfällig, was Ideen und Logik anbelangt, aber auf seine Stärke war Verlaß. Es war leicht, ihn zu erzürnen, und leicht, ihn zu erfreuen. Er trug immer seinen magischen Hammer, Mjölnir, bei sich. Wenn er Mjölnir einsetzte, erzeugte er damit den Blitz und den Donnerschlag. Aber fürchte dich während eines Gewitters nicht – es ist ja nur Thor, der mit seinem Hammer spielt. Natürlich könntest du so tun, als ob du dich fürchtest, damit dein Geliebter dich in seinen starken Armen hält und dich beschützt. Aber du weißt ja, daß du dich nicht wirklich fürchtest.

Thor wird oft mit der Fruchtbarkeit in Zusammenhang gebracht. Wenn auch Thors Hammer ein Symbol seiner Stärke war, so benutzte er ihn doch nicht immer für aggressive Zwecke, um Blitz, göttliches Feuer und Regen zu erzeugen; er verwendete ihn auch dazu, Leben zu retten und neues Leben zu erschaffen. Der Hammer ist ein phallisches Symbol und steht für Thors Hingabe an die Fruchtbarkeit. Immer wenn Thor seinen Hammer schleuderte, kam er, wie es auch ein Bumerang tut, zu ihm zurück.

Der Donnerstag bringt dir Schutz, Symmetrie und stärkt deine Abwehr; in dieser Nacht bist du sicher. Laß deine Panzer und Masken fallen, und laß die anderen dir ganz nahe sein. Sei doch keine Kratzbürste, die ihre sanfte Seite verbirgt. Am Donnerstag bist du in Sicherheit und ausgeglichen.

Die Göttin am Donnerstagabend: Nut

Nut, die mächtige Göttin des Abendhimmels, wird oft nackt dargestellt; sie steht mit den Zehenspitzen auf der Erde und biegt sich in einem Bogen so, daß sie den Horizont mit ihren Fingerspitzen berührt. In jeder Nacht verschluckte sie die Sonne, und jeden Morgen gebar sie sie wieder aus ihrem Schoß. Die große ägyptische Göttin Nut besaß höchste Autorität. Die Pharaonen beanspruchten immer für sich, daß sie ihre Söhne oder zumindest ihre Liebhaber seien. Sie war es, die das Leben spendete mit all seinen nährenden Gaben, Reichtümern und Kindern.

Sie regierte das lebenspendende Blut des Schoßes. Zwischen den Lenden der Nut zu leben bedeutete, daß du keine Feinde hattest. Eine beneidenswerte Lage.

Traumarbeit, Nachtwachen und das Mondblut (oder die Menstruation) sind alles Rituale für die Nut. Das folgende Gebet ist für Nut. Entzünde eine lilafarbene Kerze, verbrenn ein wenig Räucherwerk und sprich:

Selbst gezeugte
Mutter des Ursprungs,
See Gottes,
großes Tor,
heilige Tür,
Schöpferin der Götter,
Quelle der Tiefe!
Sei mein Schutz!
Sei auf meiner Seite!
Neter-Khertet,
Nut,
Himmel der Nacht!
Beschütze deine Tochter!
Segne mich und was mein ist!

Blick hinauf in den endlosen Himmel – auch wenn er wolkenverhangen ist, sie wird trotzdem da sein. Wenn du ihre Gegenwart fühlst, bitte sie, daß sie dir wichtige, heilsame Träume schenkt. Bedeutsame Träume sind das andere Leben, das wir führen – jenes Drittel unseres Lebens, in dem wir alle gleich sind. Im Schlaf ist keiner reich oder arm, gescheit oder dumm, dick oder dünn. Wir müssen alle schlafen; und dabei sind wir alle gleich verletzlich. Der Schlaf ist der große Gleichmacher.

Die angenehmsten Träume, die ich je hatte, waren die, wenn ich gerade eine Grippe oder sonst irgendeine andere Krankheit überwunden hatte. Üblicherweise sehe ich dann einen leuchtenden Baum (nein, nicht einen brennenden Busch), und ich fühle mich so leicht, daß ich fliegen könnte. Dann fliege ich, schwimme durch die Luft. Diese nächtlichen Flüge erfrischen nicht nur meine Seele, sondern entzünden auch meine Kreativität und meine Schaffenskraft. Ich kann in meinen Träumen mein neues Buch schon komplett fertiggestellt sehen, bevor ich überhaupt begonnen habe, es zu schreiben. Das macht großen Spaß, und es gibt mir den Antrieb, meine schriftstellerische Tätigkeit auch freudig zu vollenden.

Zur Mondin beten

Ehre die Nymphe in der Vollmondnacht der Nymphe (siehe auch das Kapitel zum Montag), indem du irgendein wunderbares Räucherwerk wie beispielsweise weißen Salbei, Ambra, Weihrauch, Myrrhe, Sweetgrass, Beifuß oder Sandelholz verbrennst. Diese Düfte tragen seit Urzeiten die Gebete an die Mondin; sie wissen schon, wie sie den Schleier durchbrechen und die Götter berühren können.

Entzünde dein Räucherwerk und eine weiße Kerze, und flüstere über dem aufsteigenden Rauch:

> Mutter Göttin, die du in der Blüte
> deiner Jugend stehst,
> bring mir Glück und Segen,
> und meinen Segen geb ich dir!
> (Dreimal wiederholen)

Natürlich kannst du so lange mit der Mondin sprechen und zu ihr beten, wie du willst. Es ist auch eine gute Gelegenheit, sie um einen besonderen Traum zu bitten. Die Träume sind unsere Besuche im Jenseits, unser Transportmittel zu den Aspekten der Realität, die für das Wachbewußtsein unsichtbar sind.

Meine Mutter träumte immer von Toten: Die Toten kamen in der Nacht zu ihr und gaben ihr Botschaften für die Lebenden. Eines Morgens kam sie, nachdem sie lange geschlafen hatte, aus ihrem Schlafzimmer herunter und schüttelte ihren Kopf: »Ich habe in der Nacht Karoly gesehen«, sagte sie, »und ich sagte zu ihm: ›Karoly, was machst du da? Du bist ja noch nicht tot!‹ Und er sagte: ›O ja, das bin ich, Masika. Ich bin letzten Sonntag gestorben. Bitte sag meiner Frau Klara, daß ich ein bißchen Geld in meiner grünen Kassette im Schuppen beiseite gelegt habe. Vielleicht kann sie es gut gebrauchen.‹ Ich sollte sie jetzt besser anrufen.« Sie rief an, und es stellte sich tatsächlich heraus, daß Karoly gestorben war. Das Wissen, daß ihr Mann immer noch an sie dachte und daß er auf einer unsichtbaren Ebene am Leben war, tröstete Klara sehr.

Während des Mondrituals kannst du Träume über deine Ahninnen erbitten. Lösch nach deinen Gebeten die Kerze (oder laß sie, wenn es dir sicher genug erscheint, ganz niederbrennen). Du kannst entweder nur eine Kerze alle drei Nächte lang verwenden oder jeden Tag eine neue nehmen. Entzünde in der zweiten Nacht deine Kerze und das Räucherwerk im Angesicht der Mondin und sprich:

Mutter Göttin, in deiner Glorie,
laß deine Kraft ganz durch mich fließen.
Segne mich deinem Willen entsprechend,
und segne unsere Menschlichkeit.
Aus dem Korb all deiner wohlwollenden Segnungen
gib uns die göttlichen Drei:
Gesundheit, Wohlstand und Weisheit.
Dank sei dir für all den Segen, den du uns schon
gespendet hast.
Du segnest mich, wie auch ich dich segne!

Begrüß in der dritten Nacht die volle Mondin der Weisen Alten, indem du im Antlitz der Mondin eine weiße Kerze entzündest und etwas Räucherwerk verbrennst. Sprich dieses Mal:

Mutter Göttin, heilige Alte,
sei sanft, während die Mondin schwindet,
und segne unsere Menschlichkeit.
Beschütze unsere Toten, und beschütze die Lebenden.
Du segnest mich, wie ich dich segne!

Jetzt kannst du loslassen und dein Leben mit frischer Kraft und Einsicht betrachten. Du wirst sehen, daß die Mondin deinen Geist, wenn du regelmäßig zu ihr betest, mit neuer Energie erfüllt.

Die Atmosphäre am Donnerstagabend

Die Musik erzeugt eine ganz eigene Welt. Die Musik schafft eine Atmosphäre, die die Gefühle aller, die zuhören, verändern kann. Was geschieht mit dir, wenn Aretha Franklin singt? Und was ist mit k. d. lang? Die Leute verbinden die unterschiedlichsten Dinge mit der Stimme einer Sängerin. Haben dein Geliebter/deine Geliebte und du irgendein spezielles Lied oder eine Gruppe, die ihr gern hört? Also warum legt ihr heute nacht nicht eure Lieblingskassette oder eure Lieblings-CD auf, während ihr in eurem Schlafzimmer seid?

Wahrscheinlich hast du in deinem Wohnzimmer eine Stereoanlage, aber im Schlafzimmer brauchst du auch eine – die Musik wird dort leicht vergessen. Ein Radio tut es auch, wenn du kein Tapedeck oder einen CD-Player hast. Aber denk daran, daß es bei einem Radiosender eine Menge unromantischer Unterbrechungen geben kann. Versuch, einen Sender zu finden, der nur

Musik ohne jegliche Unterbrechung durch Werbung ausstrahlt. Die Wilde Frau liebt es, Lieder mit einem starken Rhythmus und einem satten Baß zu hören; die berühren sie tief und bringen sie in Bewegung. Es beginnt mit dem Wippen des Fußes, dann schwingt der ganze Körper mit. Die Musik bringt Bewegung hervor, und Tanzen kann eine äußerst sexuelle Aktivität sein. In der Öffentlichkeit oder in deinem Schlafzimmer eng zusammen zu tanzen, verbindet dich sehr tief mit deinem Partner oder deiner Partnerin. Setz also heute nacht die Musik in deinem Schlafzimmer zu deinem Vorteil ein. Dreh die Musik lauter und dämpfe das Licht.

Die Bach-Blütenessenzen am Donnerstagabend: Willow und Wild Oat

Bist du von Natur aus eher skeptisch oder brütest vor dich hin? Bringst du nie eine Feier in Schwung? Dann ist eventuell die Bach-Blütenessenz *Willow* das Richtige für dich. Willow ist gut für Leute, die zuviel grübeln, für verschlossene Leute, die immer nur schwarzsehen. Dreimal täglich ein paar Tropfen Willow werden dir auch helfen, deinen alten Ärger und deinen Weltschmerz, der vielleicht in deiner Psyche lauert, aufzugeben.

Ob du mit Erfolg deine Ziele erreichst und ein erfolgreiches Liebesleben hast, hängt von deiner klaren Sicht der Dinge, deiner Konzentrationsfähigkeit und deinem guten Urteilsvermögen ab. Wenn du in deinem Leben an einem Scheideweg stehst, solltest du die Bach-Blütenessenz *Wild Oat* nehmen. Wild Oat solltest du wählen, wenn du dich verloren fühlst – wenn du irgend etwas Erfüllendes tun willst, aber nicht weißt, was das sein könnte, oder wenn du spürst, daß du deinen Platz noch nicht gefunden hast. Auch wenn du fühlst, daß dich der Gedanke überfordert, die eine, ganz besondere Person zu finden, kannst du sie nehmen. Wild Oat heilt jegliches Gefühl von Verlorensein.

Das Bad am Donnerstagabend: Reichtum und Geld

Die magische Farbe für das Bad am Donnerstagabend ist Grün. Solltest du die *7 Holy Spirits Baths* benutzen, sitzt du in dunkelgrünem, öligem Wasser. Unsere Wildheit wird von diesem Bad nachhaltig beeindruckt, weil es so ungewöhnlich ist. (Es wird auch in deiner Wanne einen erstaunlichen Ring zurücklassen. Aber das ist die Sache wert.) Wenn du grünes Badeöl benutzt, sieht das Wasser aus, als hätte ein Dinosaurier darin sein Nest gebaut. Wenn du zusätzlich noch eine grüne Kerze – oder noch besser, gleich drei grüne Kerzen – entzündest, kannst du den unten angeführten Geldzauber wirken, während du in der Wanne sitzt. Du solltest auch mit ein bißchen grünem Räucherwerk räuchern.

Es ist ein entspannter Zauber. Leg dich in der Wanne zurück, und denk darüber nach, warum du kein Geld hast. Meditiere darüber, wie du das verändern könntest. Deine Betrachtung kann auch politische Ideen miteinbeziehen, und dann werden diese Ideen Teil deiner Magie und deines Handelns. Denk beispielsweise daran, daß Frauen nicht deswegen arm sind, weil es ein Gesetz der Vererbungslehre wäre, daß sie weniger wert seien als Männer. Frauen sind deswegen arm, weil sie in einer patriarchalischen Welt leben, in der die Frauen nicht geschätzt werden. In einer patriarchalischen Struktur wird Frauen im Vergleich zu Männern immer weniger von allem zuteil. Und vor nicht allzu langer Zeit bekamen Frauen gar nichts! Vor weniger als hundert Jahren erst gewannen Frauen endlich das Recht, ihren eigenen Lohn selbst behalten zu können, anstatt ihn an ihre Brüder, Väter oder Ehemänner abgeben zu müssen.

Wiederhole nach gründlichem Nachdenken einen Satz, der für dich heilig klingt. In vielen Religionen werden Wiederholungen als eine Möglichkeit, Bilder oder Botschaften in deinem Unterbewußtsein zu verankern, benutzt. Einige Wiederholungen haben den Zweck, den plappernden Geist dazu zu bringen, daß er den Mund hält, während wir andere starke Schwingungen zur Gottheit aussenden. Hexen beugen die Realität mit ihren Reimen; das magische Bewußtsein nimmt von uns Befehle an, solange sie nur in Reimform sind. Das Wilde Selbst improvisiert beim Sprechen. Ein Reim ist mal verspielt, mal blöd, mal todernst. Versuch dich beim Reimen auf vier Zeilen zu beschränken, doch wenn es sein muß, kannst du auch einen Achtzeiler verwenden. Deine Reime müssen weder rhythmisch noch klanglich präzise sein – einfach ähnlich klingende Endsilben am Satzende machen sie schon melodisch. Hier ein Reim, der mir zum Thema eingefallen ist:

Mein ist das Glück,
und mein ist auch der Segen.
Flieg, Fee des Glücks,
auf deinem Besen mir entgegen.

Und hier ist noch ein Reim, den meine Freundin Diana beigesteuert hat:

Wie das Wasser fließt,
so mein Reichtum sprießt.

Einen wirkungsvollen Talisman herstellen

Fang in der Neumondnacht an, deinen Talisman herzustellen. Streu Kräuter mit magischer Kraft in ein gelbes Seidensäckchen: Akazie, die den Winden heilig ist und den Segen der Vorfahren in sich birgt, getrocknete Rosen, die der Göttin der Liebe heilig sind, und Nelken, das Symbol der Fülle. Die Farbe Gelb wird dir dabei helfen, deine Wünsche zu verwirklichen; die Seide wird ihnen Schutz gewähren. Sprich deinen Reim über das Säckchen, und wandle ihn vielleicht ein bißchen deiner besonderen Situation entsprechend ab. Verbrenne etwas weißen Salbei oder eine andere aromatische Pflanze, und flüstere, was du brauchst, über dein Säckchen, während du es im Rauch schwenkst. Stell dir vor, daß sogar die Geister selbst sich in dein magisches Säckchen einbringen, indem sie seinem Zweck ihren Segen geben. Laß einen kleinen aufgeladenen Stein – einen Magneten – in dein Säckchen gleiten. (Wahrscheinlich kriegst du einen Magneten in einer Eisenhandlung.) Verschließ das Säckchen, und trag es immer bei dir – in deiner Tasche oder deiner Börse. Man sagt, daß du Glück und den Schutz der heiligen Winde anziehst, wenn du diesen Talisman bei dir trägst. (Mögen dir die Winde den Rücken stärken!)

Zauber

1. Ein Schutzzauber

Das ist ein Schutzzauber gegen jegliche Krankheit, gegen Unfälle oder negative Angriffe. Du solltest diesen großen Allzweckzauber zwischen Neumond und Vollmond wirken. Die einfachste Art, diesen Zauber zu wirken, ist, daß du Salbeirauch verwendest. Der Rauch des brennenden Salbei reinigt und wirkt aufheiternd. Salbei in Form von Räucherstäbchen erhältst du in fast jedem Laden für Okkultes oder für Esoterik. Geh nach draußen, entzünde ein Salbeiräucherstäbchen (halte ein feuersicheres Gefäß darunter), und umkreise dein Haus, dein Auto und dein Eigentum dreimal im Uhrzeigersinn. Bei jeder Runde sprichst du ganz spontan Bitten aus. Du kannst irgend etwas in der Art sagen wie:

> Laß mein Haus geschützt sein gegen den bösen Blick; den Segen der Mondgöttin laß auf mein Haus scheinen; laß alle darin gesegnet sein, behütet vor Krankheit, Unfall und jeglichem Schlechten und Üblen.

Sobald du das Haus draußen dreimal umrundet hast, kannst du auch das Hausinnere umkreisen. Halte dort inne, wo dein Haus verwundbar ist (bei Türen und Fenstern), und laß die Rauchschwaden auch in alle Ecken ziehen, während du deine Schutzwünsche flüsterst. Geh auf die Besonderheiten ein. Wenn du beispielsweise in einem erdbebengefährdeten Land lebst, bitte, daß die Grundmauern deines Hauses standhaft bleiben und halten. Wenn du fertig bist, entzünde eine weiße Topfkerze, und stell sie auf deinen Altar. Das ist deine Dankesgabe an die Geister. Laß sie eine Woche lang brennen. (Du bekommst Topfkerzen möglicherweise sogar in deinem Supermarkt.)

Salbei, Beifuß, Sandelholz, Weihrauch und Myrrhe sind das gebräuchlichste reinigende Räucherwerk. Die Welt des Unsichtbaren antwortet auf Rauch; sie treibt unerwünschte Geister aus und befriedet die, die bleiben. Rauch ist Seelennahrung.

2. Einen Trennungsschmerz überwinden

Es ist schwer, sich von jemandem zu trennen – sehr schwer. Trauer stellt sich ein, wenn eine Beziehung fehlschlägt. Um dir in diesem Trauerprozeß zu helfen, probier doch den folgenden Zauber.

Schreib dein Problem bei Vollmond dreimal auf eine graue Kerze; grau ist eine neutralisierende Farbe. Da du dein Problem dreimal schreiben mußt, mußt du lernen, dich kurz zu fassen. Schreib also zum Beispiel nur »Scheidung« oder »Geliebter fort« oder »Trennung«. Such ein ruhiges Plätzchen im Freien, wo du direkt mit der Mondin sprechen kannst. Halte deine graue Kerze, und sag der Mutter Mond einfach, wie du dich fühlst. Du könntest damit beginnen, daß du sagst: »Großmutter Mond, mein Herz bricht; die Trauer ist zu meiner ständigen Begleiterin geworden.« Dann erzähl ihr deine Geschichte.

Halte inne, und nimm drei tiefe Atemzüge. Konzentriere dich bei jedem Atemzug darauf, wie dich der Atem mit dem Leben verbindet. Erzähl der Mondin jetzt, wie du dir wünschst, daß sich die Dinge verändern sollen, aber bezieh deine augenblickliche Situation so mit ein, als hätte sie sich bereits geklärt. Sag also in etwa: »Die Trauer hat mich verlassen, und ich habe jetzt endlich in meinem Leben die Zeit gefunden, mich und die anderen in meiner Umgebung zu achten. Du hast es mir ermöglicht, mein Haupt aufrecht zu tragen und zu spüren, wie mein Herz leichter wird. Ich bin jetzt in der Lage, in meinem Leben voranzukommen.« Sprich immer weiter, bis du wirklich von dem überzeugt bist, was du sagst. Erst wirst du nur versuchen zu glauben, was du sagst. Dann wird dein Herz sich von der Trauer lossagen wollen. Und letztendlich wirst du wissen, daß das, was du aussprichst, die Wahrheit ist. Du wirst von der Trauer befreit sein.

Tu das in den drei Vollmondnächten. Die Großmutter Mond wird dir zuhören und dir in dieser schwierigen Zeit beistehen. Bleib aber auf dem Boden der Wirklichkeit, bei dem, worum du bittest, und hab Geduld. Es braucht einfach Zeit, die Trauer über eine abgebrochene Beziehung zu überwinden.

3. Noch ein Zauber, der bei einer schmerzlichen Trennung hilft

Du willst jemanden in deinem Leben los sein, aber du willst dabei nicht verletzt werden. Du willst eine schnelle, schmerzlose Trennung. Dieser Zauber wird dir helfen, über deine alte Geliebte/deinen alten Geliebten mit einem Mindestmaß an Schmerz hinwegzukommen. Stell zwei Kerzen – eine steht für dich und die andere für die Person, die du vergessen willst – auf deinem Altar einander gegenüber auf. Salbe sie mit *Forget Her/Him Oil* (»Vergiß-ihn/sie-Öl«); du bekommst es in einem Laden für Okkultes (siehe Bezugsquellen im Anhang). Schreib deinen Namen auf die Rückseite der einen und den Namen der anderen Person auf die Rückseite der anderen Kerze. Entzünde die Kerzen und ein bißchen Räucherwerk, und meditiere über eure Beziehung und was du daraus lernen willst. Rück die Kerzen in drei aufeinanderfolgenden Nächten immer weiter auseinander. Sprich in jeder Nacht, wenn du sie auseinanderrückst:

Warm war die Leidenschaft, kalt ist nun das Herz.
Laß (Name) und (Name) scheiden ohne Schmerz.
Das Feuer der Freundschaft, Verbundenheit
spring ein,
im Namen Sophias, der Weisheit.
So mög es sein!

Verbrenne Sophia zu Ehren noch mehr Räucherwerk. Sammle nach drei Tagen, wenn die Kerzen ganz zusammengeschmolzen sind, die Überreste ein, und wirf sie in ein lebendes Gewässer. Schau nicht zurück!

Bettgeflüster

Flüstere deinem oder deiner Liebsten heute etwas Überraschendes zu. Es mag sich herausstellen, daß es etwas ist, was ihr euch beide gewünscht habt, aber wo ihr viel zuviel Angst hattet, es auch nur zu erwähnen. Also, nur voran! Überrasche deinen Liebsten/deine Liebste.

Donnerstagabend: Die Frau obenauf

Neuerdings liegt die Frau, wenn sie im Bett mit einem Mann gezeigt wird, in immer mehr Filmen auf ihm drauf – ich vermute, um zu zeigen, wie frei sie ist. Diese Stellung erfüllt ein häufiges weibliches Bedürfnis – das Bedürfnis frei zu sein. Die Frau hat ihre Sexualität wieder in Besitz genommen. Sie kontrolliert die Bewegung des Penis, den Rhythmus des Liebesaktes. Starke Heldinnen sind im Film immer obenauf – erinnere dich an Faye Dunaway in *Netzwerk* und in letzter Zeit an Sharon Stone in *Basic Instinct*. Das scheint heute fast schon obligatorisch zu sein, aber ist es auch echt?

Wenn du bei einem heterosexuellen Geschlechtsverkehr obenauf bist, solltest du immer deine Haltung und Stellung leicht verändern. Wenn der Mann auf dem Rücken liegt, kannst du dich auf seinem Penis auf jede Art, wie du es dir gerade wünschst, bewegen. Trotzdem – nur weil der Mann auf dem Rücken liegt, muß er ja nicht passiv sein (außer natürlich, du hast ihn darum gebeten).

Wenn sich die Frau frei bewegen kann, ist ihre Wilde Frau in der Lage, die Kontrolle zu übernehmen. Vielleicht gibt sie laute Töne von sich, während sie auf ihrem Liebsten liegt. Laß sie grunzen oder stöhnen oder quietschen, wenn sie nur dabei das Tier fühlen kann, das sie ist. Deine Wilde Frau erlaubt dir, dich im Liebesakt auszutoben.

Beim Sex zwischen Lesben ist immer eine Frau obenauf. Zwei Frauen können wild und wunderbar miteinander Liebe machen, in einer wunderschönen und leidenschaftlichen Art. Wir benutzen, um einander zu erregen, unser psychisches Selbst genauso wie unsere Körper. Unsere Persönlichkeit kann als Aphrodisiakum dienen. Die Liebestechnik wird nur durch unser Vorstellungsvermögen begrenzt. Wir verwenden unsere Hände zum Liebkosen, unseren Mund zum Sprechen und für sonstige Freuden, unsere Zunge, um zärtlich zu lecken und die Weiblichkeit zu feiern. Die größte Bedeutung hat aber das gute Gefühl zwischen uns. Es gibt keine Standards im lesbischen Liebesakt.

Lesbischer Sex dreht sich nicht um einen Phallus, sondern um Gefühle und den ganzen Körper. Es herrscht die Klitoris; wir haben keinen Penisneid. Es kann natürlich sein, daß Frauen sich entscheiden, einen Dildo oder einen Vibrator zu verwenden. Das sind sexuelle Verstärker. Die Hände aber sind die Liebhaberinnen des Körpers – sie streicheln und beeinflussen die Energie des Liebesaktes.

Das Hauptaugenmerk liegt auf der sexuellen Erfahrung in ihrer Gesamtheit, einer spirituellen und emotionalen Erfüllung der Frau – nicht reduziert auf einen Orgasmus. Und nach der gemeinsamen sexuellen Erfahrung folgt das Aufgehen im Miteinandersein.

Solosex

Über die Selbstbefriedigung haben wir ja schon diskutiert, und du denkst vielleicht, daß du weißt, wie das geht. Aber – weißt du es wirklich? Schau in deiner Buchhandlung bei den Büchern über Sex nach. Du wirst prickelnde Literatur entdecken, die du verschlingen wirst. Vielleicht hast du ja auch *Die Göttin im Schlafzimmer* dort gefunden. Erotische Literatur zu lesen kann sowohl bilden als auch anregen. Lies die Geschichten, wenn du allein bist; das Liebesleben oder die Phantasien von anderen Leuten lassen vielleicht einen zündenden Funken auf dich überspringen. Und es ist immer faszinierend zu erfahren, was andere Leute in ihrem Bett treiben. Wer weiß? Vielleicht macht es dich an!

Bettgeschichte: Die Prinzessin in der Schlangenhaut

Es war einmal eine Königin, die immer, wenn sie schwanger war, in ihrem Obstgarten spazierenging. Plötzlich sah sie zwischen den Obstbäumen eine Schlange. Sie war wunderschön anzusehen. Grün und golden schillernd lag sie zusammengeringelt in der Gabelung eines Baumstamms. So tief beeindruckt war die Königin von dem Anblick dieses prächtigen Tieres, daß sie von diesem Moment an nichts anderes mehr denken konnte.

Drei Monate vergingen, und die Königin gebar eine goldgelockte Tochter – die von der Hüfte abwärts gänzlich mit einer Schlangenhaut bedeckt war. Die entsetzte Mutter rief Arzt über Arzt an den Hof, um irgend jemanden zu finden, der die Schlangenhaut, die das kleine Mädchen bedeckte, entfernen konnte, aber keiner vermochte etwas dagegen zu machen. All die gelehrten Doktoren waren völlig verblüfft von dem seltsamen Zustand des Mädchens.

Eines Tages kam eine Bettlerin an das Schloßtor und bat darum, die Königin sehen zu dürfen. Sie wurde eingelassen und grüßte die Königin voll Ehrerbietung.

»Sei auch du mir gegrüßt, Bettelfrau!« antwortete die Königin. »Welcher Wind hat dich zu uns geweht?«

»Ich bin gekommen, um ein wenig Brot und Milch zu erbitten. Ich habe drei Tage lang nichts gegessen.«

Unverzüglich bot ihr die Königin etwas Kuchen von ihrer eigenen Tafel an. Als die Bettelfrau begann, den süßen Kuchen zu essen, bemerkte sie das goldgelockte kleine Mädchen.

»Was für ein wunderschönes junges Mädchen ihr habt«, bemerkte die alte Frau, »ich wette, sie ist auch klug!«

»Ja«, sagte die Königin, »sie ist fein, klug und wunderschön. Aber sie hat ein Problem. Sie ist von der Hüfte an mit Schlangenhaut bedeckt. Sie wird nie eine Braut werden!«

»Macht euch um sie keine Sorgen«, sagte die alte Frau. »Wenn das Mädchen die Siebzehn erreicht, werde ich euch einen Jüngling schicken, der auch teilweise mit Schlangenhaut bedeckt ist. Aber wenn der Junge ankommt, sollt ihr ihn zur Erfüllung einer Aufgabe in den Garten des Kupferkönigs schicken. Dort muß er den mittleren Baum der drei singenden Lebensbäume stehlen. Dieser singende Lebensbaum muß unter dem Fenster der Prinzessin eingepflanzt werden. Wenn ihr dies tut, werden beider Schlangenhäute abfallen.«

Und damit dankte die Bettelfrau der Königin für Kuchen und Milch und ging ihres Weges.

Die Königin konnte den siebzehnten Geburtstag ihrer Tochter kaum erwarten. Endlich war es soweit. Sie bereiteten sich gerade auf das Geburtstagsfest vor, als ein junger Mann – der offensichtlich ein Prinz war – zum Schloß kam und darum bat, die Prinzessin sehen zu dürfen.

»Ich bin auf der Suche nach einer Braut«, sagte er. »Ich wollte euch fragen, ob ihr vielleicht daran Interesse hättet, mich zu heiraten.«

»Ich kann gar niemanden heiraten«, antwortete die Prinzessin. »Seht ihr? Ich bin von der Hüfte an mit Schlangenhaut bedeckt.«

»Ich auch!« rief der junge Mann. »Eine alte Bettelfrau hat mich hierhergeschickt.«

Die Königin war hocherfreut und sagte dem Prinzen, was er tun müsse, um die Prinzessin zu gewinnen.

Der Prinz machte sich also auf die Reise, und nach vielen Abenteuern fand er den Garten des Kupferkönigs. Aber Weh und Ach! Er war von einem riesigen Feuer umzäunt. Er zermarterte sich sein Gehirn, auf welche Art er das Feuer überwinden könnte. Da sah er einen Jungen am Straßenrand spielen.

»Wenn du in diesen Garten gelangen und für mich den mittleren der singenden Bäume des Lebens stehlen kannst, werde ich dir eine Mütze voll Gold geben«, sagte der Prinz.

»Ich tu's«, sagte der Junge, »aber wir müssen bis neun Uhr abends warten, weil um diese Zeit die Flammen am höchsten lodern.«

Sie warteten bis neun und beobachteten die Flammen, wie sie hochschlugen. Dann schlüpfte der Junge unter den höchsten Flammen, wo sie am kühlsten waren, hindurch. Er fand die singenden Lebensbäume, nahm den mittleren und brachte ihn mit sich zurück, wobei er abermals unter der höchsten Flamme durchschlüpfte.

»Gut gemacht, mein Freund!« sagte der Prinz. Und er gab dem Jungen die versprochene Mütze voll Gold.

Rasch eilte der Prinz zum Schloß zurück. Er und die Königin pflanzten den mittleren singenden Lebensbaum unter dem Fenster der Prinzessin ein. Der Baum hob innerhalb von ein paar Minuten wieder mit seinem wunderbaren Gesang an. Als der Gesang am lautesten ertönte, da fielen die Schlangenhäute von der Prinzessin und dem Prinzen ab. Erst da bemerkte die Königin, daß *beide* Mädchen waren – was die alte Frau mit keiner Silbe erwähnt hatte. Jedoch, sie waren als Paar so wunderschön, daß sie ihnen gestattete, binnen einer Woche zu heiraten.

Und sie leben immer noch glücklich beisammen, teilen das Reich der Königin und besuchen ihre magische Therapeutin. Ich weiß es, weil ich zu ihrer Hochzeit eingeladen war und die dicksten Tortenstücke gegessen habe. Der Wein floß nur so in Strömen, und alle waren glücklich, tanzten und warfen dabei ihre Beine hoch in die Luft – sogar die alte Bettelfrau.

Freitagabend

Entspannen und Genießen

Die Energie am Freitagabend

Die Woche ist vorüber, und du bist endlich zu Hause. Heute abend solltest du ein Nickerchen machen – nur ein Stündchen –, um dich vor deinen nächtlichen Aktivitäten zu erfrischen. Du kannst ein rituelles Bad vor oder nach deinem Nickerchen nehmen. An unseren Körper denken wir nur dann, wenn irgend etwas schiefgeht. Wir sagen zu unserem Körper nicht danke, wenn er sich mit unserem Lebensstil abgefunden hat – dem ungesunden Essen, dem Mangel an Bewegung, der langweiligen Woche am Schreibtisch, mit all den Dingen, die gräßlich unnatürlich sind. Du wirst für diese Nacht deine Energie brauchen – und für das kommende Wochenende.

Was der Freitagabend bedeutet

Der Name für den Freitag stammt von Freyja, der nordischen Göttin der Liebe. Sie schützt alles, was erfreulich ist, vor allem Essen und Lieben. Wenn du ein Leben voll Schönheit und Harmonie begehrst, wende dich an Freyja. Ihre Lieblingsdinge sind unter anderem Kleider, Schmuck und Kunstgegenstände.

Freyjas weniger bekannte Rolle ist die einer Kriegsgöttin. Sie zog in einem von Katzen gezogenen Streitwagen in die Schlacht und trug einen Umhang aus Federn, der ihr die Macht verlieh zu fliegen. Wenn du es mit Liebesangelegenheiten zu tun hast, oder wenn du deine Liebe mit erotischen Liedern ausdrückst, ist sie die geeignetste Göttin zur Anrufung. Freyja ist eine sehr sinnliche und attraktive Göttin, deren Kräfte du wirkungsvoll in allen Angelegenheiten, die Fruchtbarkeit, Tod und die Hexenkunst betreffen, einsetzen kannst.

Die Göttin der Freitagnacht: Aphrodite

Wie könnte ich ein Buch über die Göttin im Schlafzimmer schreiben, ohne eine Nacht der *Aphrodite* zu widmen? Eine Nacht in der Woche muß einfach dieser Göttin der Liebe und der Sexualität gehören! Sie ist die am meisten geliebte Göttin.

Aphrodite steht für Schönheit und Weisheit. Sie wird oft auf ihr Geschlecht weisend dargestellt, die Quelle allen Lebens. Sie ist eine starke, muskulöse Göttin, die sich niemals unterwirft. Jede Frau dient im Tempel der Liebesgöttin. Viele Frauen, auch Sappho, schrieben Liebeslieder für Aphrodite. Aphrodite ist verspielt. An Heirat oder Versprechungen, die durch die Unterschrift auf einem Dokument rechtlich verbindlich werden, ist sie nicht interessiert. Sie wird zwei Herzen zusammenbringen, aber mit dem Gelöbnis der Liebenden hat sie nichts zu tun. Oft zieht sie zu streng an den Herzensfäden, und sie kann schroff werden, wenn ihre Regeln nicht befolgt werden.

Aphrodite ist unter vielen Namen bekannt, aber einer der bekanntesten ist der lateinische Name Venus. Schmück dich heute nacht mit Kupfer, im Lateinischen Cyprus genannt. Und Zypern ist der Name der heiligen Insel der Venus. Kupfer wurde auf ganz Zypern abgebaut; es gilt als das Metall der Göttin.

Wenn du Räucherwerk zu Ehren der Venus verbrennst, wird sie dir eine glückliche Liebe, einfache Geburten und ein gutes Geschick sichern. Auch ein Schwanenbildnis auf deinem Altar bedeutet eine Verneigung vor der Venus; der Schwan ist ein ihr heiliges Symbol der Liebe.

Denk dran, extra für Venus eine Blume auf deinen Altar zu stellen, um ihr zu zeigen, daß du in dieser romantischen Nacht an sie denkst. Die verschiedensten Blumen ehren die Venus, und ihr sind alle heilig. Aber keine Blume sagt mehr über die Liebe als die Rose. Die Römer glaubten, daß sie die Blume der Venus sei.

Die Atmosphäre am Freitagabend

Heute nacht wirst du deinen Geruchssinn erfreuen. Wie duftet dein Schlafzimmer jetzt gerade? Hattest du die Fenster geöffnet, um frische Luft hereinzulassen? Oder erscheint dir das Zimmer muffig? Der Geruch ist sehr wichtig; dein Schlafzimmer muß angenehm und einladend duften. Tut es das nicht, werden du und dein Liebster/deine Liebste dort keine Zeit verbringen wollen. Dein Geruchssinn ist ein wichtiger Teil deiner Sexualität. Dein Liebster/deine Liebste hat einen ganz besonderen Duft, der dir liegt. Während ihr Liebe macht, schwitzt euer Körper. Euer beider vereinter Schweiß hat wiederum ein ganz besonderes Aroma, das den Liebesakt noch erregender macht. Auch ätherische Öle können euren Liebesakt, in dem Teilbereich, der über den Geruchssinn gesteuert wird, verstärken.

Ich kenne ein wunderbares Geheimnis, das ich dir verraten will, und es wird dich aus deiner Ende-der-Woche-Schläfrigkeit reißen: Sandelholz. Diese Gabe des Orients ist würzig und warm und wird dich an einen tropischen Regenwald erinnern. Sandelholz hilft dir, den Streß und die Anspannung der Woche zu vergessen; die ausgleichende und beruhigende Wirkung wird deinen Geist und deinen Körper erheben. Warum, glaubst du wohl, ist Sandelholzöl sowohl bei Männern als auch bei Frauen so beliebt? Weil der Duft schon lange für seine aphrodisierende Wirkung bekannt ist. Trag Sandelholz heute nacht, und du wirst deinem oder deiner Liebsten damit die richtige Botschaft senden.

Wenn du schon entspannt und aufs Wochenende vorbereitet bist, brauchst du dir vielleicht nur ein paar Tropfen Lemongrass oder Zitronenmelisse hinter die Ohren zu tupfen. Allein schon wenn du ein Fläschchen Lemongrass öffnest, wird das deine Lebensgeister wecken. Energie fließt ein, wenn du an Lemongrass riechst. Es ist erfrischend, kühl und anregend. Auch Zitronenmelisse ist leicht und erfrischend; sie bewirkt, daß du dich fühlst, als wärst du gerade von einem angenehmen Nachmittagsschläfchen erwacht. Deine Energie wird steigen, und deine Augen werden sich weit öffnen, bereit, eine neue Gelegenheit in der Liebe zu erschauen. Zitronenmelisse ist auch ein ideales Massageöl.

Die Bach-Blütenessenzen für den Freitagabend: Hornbeam und Crab Apple

Wenn du dich nach der Arbeitswoche matt oder ausgelaugt fühlst, du nicht mit Freunden weggehen willst, ja nicht einmal zu Hause ein Ritual machen willst, solltest du *Hornbeam* nehmen. Hornbeam verleiht dir Spannkraft und Begeisterung, und du fühlst dich voll Optimismus. Wenn deinem oder deiner Geliebten der Sinn nach Amourösem steht, du dich aber nur danach fühlst, dich unter der Decke zu verkriechen – nimm Hornbeam. Wenn du die ganze Woche irgend etwas vor dir hergeschoben hast – ein verspätetes Geburtstagsgeschenk für eine Freundin oder ein Mitbringsel zum Jahrestag für deinen Partner zu kaufen –, dann hilft dir Hornbeam, deine Energie zielgerichtet einzusetzen und die Kräfte zu sammeln, damit du die Angelegenheit endlich erledigen kannst. Ich empfehle, sechs Tropfen dreimal täglich auf die Zunge.

Wenn du dich vor deiner Menstruation wie aufgeblasen fühlst, schmutzig und schmierig, wenn eine Art von Selbsthaß über dein Aussehen in dir hochsteigt, nimm die Bach-Blütenessenz *Crab Apple*. Crab Apple ist gut für all die Leute, die sehr sensibel auf die kleinen Details im Leben reagieren. Dieses freundliche Kraut befreit von negativen Gefühlen, hilft uns, unseren Körper zu schätzen, und fördert die Eigenliebe und den Respekt, also all das, was für die Gesundheit der weiblichen Psyche von grundlegender Bedeutung ist.

Traumarbeit

Wenn du heute abend keinen Spielgefährten bei dir hast, nimm ein Buch mit blanken Seiten mit ins Bett. Bewahr es neben deinem Bett auf. Dieses Buch wird zu

deinem Tagebuch für die Traumarbeit. Sobald du dir selbst versprochen hast, bevor du aufstehst, den Inhalt deines Traumes in Stichworten festzuhalten, wirst du auch beginnen, dich deutlicher an deine Träume zu erinnern. Den Anfang machst du, indem du auf die erste Seite deines Buches ein kleines Gebet an die Mondin schreibst, in dem du sie um aufschlußreiche Träume bittest. Es gibt viele Arten von Träumen. In manchen verarbeitest du bloß die Probleme, mit denen du im Alltagsleben konfrontiert bist. Träume können lehrreich sein, und manchmal bringen sie uns Rat und Einsichten. Prophetische Träume schenken uns Einblicke in die Zukunft.

Die Freitagnacht ist für die Magie eine besonders heilige Zeit, weil es die der Göttin eigene Nacht ist. Lebten wir in einer Kultur, die die Göttin verehrt, würden wir am Freyja-Tag nicht arbeiten. In alter Zeit verwendeten Frauen an diesem Tag keine Messer oder Nadeln, sonst hätten sie, wenn sie etwas gestochen oder zerschnitten hätten, die Göttin verletzt.

Das Bad am Freitagabend: Sich segnen

Die Farbe des Bades am Freitag ist Rosa – für die Liebe und die Ausgeglichenheit. Bereite dein Bad, und gieß die rosafarbene Flüssigkeit von deinen 7 *Holy Spirit Baths* hinein. Auch ein anderes Kräuteröl, das dich glücklich macht, kann gut sein. Entzünde eine weiße Kerze, verbrenne das Räucherwerk, und schon bist du bereit. Während du ganz beschaulich in deinem rosafarbenen Badewasser sitzt, solltest du an die anregende Energie denken, die durch deinen Körper fließt. Spür, wie die Lebenskraft deine Knochen durchströmt, die müde sind vom vielen Sitzen, vom vielen in-den-Computer-Starren.

Streck deinen Körper, vor allem deinen Rücken, indem du flach im Wasser liegst und das im Knie angewinkelte Bein zu deiner Brust hochziehst. Bleib ein bißchen in dieser Stellung. Dann tust du das gleiche mit dem anderen Bein. Laß dich in die Wanne sinken und sprich:

> Segne mich, Mutter, denn ich bin dein Kind!

Entspann dich, und denk an deine Kindheit zurück. In den Augen unserer Großen Mutter sind wir alle für immer jung. Denk über diese Wahrheit nach und nimm sie als deinen natürlichen Zustand an. Deine spirituelle Mutter wird dich niemals verlassen. Du wirst nie verwaisen. Du kannst jederzeit zu ihr kommen und dich auf deine Verwandtschaft mit ihr berufen. Gieß ein bißchen Wasser über dein Haupt und sprich:

> Segne meinen Geist, und reinige mich von aller
> Furcht, von allem Selbstzweifel und von
> aller Angst!

Denk an all die negativen Botschaften, mit denen du dich selbst in dieser Woche bombardiert hast, zurück. Hast du dir selbst gesagt, daß du dumm bist? Daß du wertlos bist? Kein Glück hast? Zu dick oder langweilig bist? Lösch diese Botschaften aus, indem du wieder und wieder Wasser über dein Haupt gießt. Leg dich zurück, und berühr deine Augen. Sprich:

> Segne meine Augen, daß ich deine Wege sehe.

Wir vergessen so oft, daß unsere Augen nicht nur die Fenster unserer Seele sind – sie sind auch Teil unseres Gehirns. Wasch dir zuerst die Hände. Segne dann deine Augen, indem du deine Handteller auf deine Augen legst und ganz sanft drückst. (Du kannst das tagsüber oder in der Nacht tun.) Dann entspann deine Augen in der Dunkelheit und sprich:

Segne meine Nase, daß ich deine Essenz rieche.

Du weißt, wie das geht. Du hast bereits deine Seife gerochen, den Rauch deines Räucherwerks. Wir erschnuppern viele Düfte in unserem Bad. Sogar die Gerüche der Abfallprodukte unseres Körpers – Urin, Stuhl, Menstruationsblut – sollten dich nicht abstoßen. Sie sind alle Teil des Lebens, Ergebnisse nötiger Funktionen, ohne die es keinen stabilen Gesundheitszustand gäbe. Sie alle sind Essenzen des Lebens.
Denk dann an andere Dinge, die wir »riechen« können wie Gefahr oder den süßen Duft des Erfolges. Sprich nun:

Segne meine Lippen, daß sie von dir sprechen.

Berühr deine Lippen. Das sind die Lippen, die davon künden, wer du bist. Wenn du deinen Namen sagst, sprichst du den Namen einer Göttin aus. Wenn du von Liebe sprichst, ist es eine Gabe der Göttin. Wenn du mit Freunden redest, teilst du dein Leben mit ihnen. Wenn du andere etwas lehrst, spricht die Göttin durch deine Worte. Wenn du über die Göttin sprichst, wird sie in deinem Gehirn angeregt.

Tauch deine Hände ins Wasser und betrachte sie. Sprich:

> Segne meine Hände, daß sie deine Arbeit
> verrichten.

Deine Hände sind deine Macht. Ohne Hände wäre es für uns schwierig, den Lebensunterhalt zu verdienen, einen Geliebten zu berühren, Liebe zu machen. Schau dir die Linien in beiden Handflächen an. Untersuche deine Lebenslinie (die große Linie, die zwischen Daumen und Zeigefinger hinunter zur Mitte der Handfläche führt). Betrachte deine Handflächen wie Sternenkarten, die die Konstellationen deines Schicksals zeigen.

Wir alle haben eine Bestimmung, der wir folgen, eine Leidenschaft, die erfüllt werden will, einen Grund, da zu sein. Den Sinn meines Lebens zu finden, beschäftigte mich ständig, als ich jung war. Ich ging zu Handleserinnen, Hellseherinnen und Sensitiven, und immer fragte ich sie: »Was tue ich hier?« Nicht eine von ihnen sagte: »Nun, meine Liebe, du wirst die Gründerin einer neuen Frauenreligion werden.« Ich hätte es auch nicht geglaubt. Vielmehr wollte ich eine große ungarische Schriftstellerin und Filmautorin werden. Aber ich schreibe immer noch keine Romane.

Jetzt ist es Zeit, deine Brust zu segnen. Das ist wichtig, also bleib bei der Sache. Sprich:

> Segne meine Brust, in Stärke und Schönheit
> gebildet!

Berühr deine Brüste, massiere sie; sieh, wie sie sich anfühlen. Die Brüste sind für viele Frauen eine Quelle ihrer Identität. Trotzdem, meine Schwestern, wir sind nicht nur Brüste. Mir bricht das Herz, wenn ich von den Frauen höre, die zum Arzt gehen, um ihre Brüste zu verändern – sie kleiner oder größer machen zu lassen. Diese Frauen sagen: »Ich wollte immer schon einen größeren Busen.« Aber was sagen sie eigentlich damit? »Ich wollte immer schon mehr geliebt werden.«

> Segne meine Geschlechtsorgane, die das Leben erschaffen, so wie du das Universum erschaffen hast!

Ob du dich nun entscheidest, mit deinen Geschlechtsorganen neues Leben zu erschaffen oder nicht – du trägst diese Macht in dir. Das ist eine Göttinnenkraft, Leben ganz neu hervorzubringen. Diejenigen, die wählen, keine Babys zu bekommen, sind auch Göttinnen. Sie erschaffen ständig Leben um sich; sie machen Liebe.

Sprich nun zum Abschluß:

> Gesegnet seien meine Füße, daß sie auf deinen Pfaden wandeln.

Unsere Füße! Unsere armen, gequälten Füße sitzen in unbequemen Schuhe wie in der Falle. Trag, um der Göttin willen, ja keine Stöckelschuhe! Hast du jemals einen Mann gesehen, der versucht hätte, seine Füße in Schuhe hineinzuzwängen, die zwei Nummern zu klein sind, der sich seine Zehen zerquetscht und den Rücken ruiniert? Wahrscheinlich nicht! Sei dir über die negativen körperlichen Folgen der Mode bewußt und vermeide sie. Beschreite den Pfad der Schönheit und der Gesundheit.

Tauch abermals im Wasser unter und flüstere:

> Segne mich, Mutter, denn ich bin dein Kind!

Nun bist du von Kopf bis Fuß gesegnet. Trockne dich ab, creme dich ein, zieh ein frisches Nachthemd an, und leg dich mit dem Gefühl schlafen, daß du behütet und in Sicherheit bist.

Zauber, um Freude zu empfinden und um die Liebe zu erhalten

1. Ein Freudenzauber

Damit du Freude empfindest, mußt du dir auch Zeit dafür nehmen. Freude läßt sich nicht erzwingen. Wenn du dir für die Freuden des Lebens keine Zeit nimmst, willst du sie nicht wirklich genießen – du solltest die Sache einfach vergessen. Aber wenn du willens bist, Zeit dafür zu haben, werden die angenehmen Gedanken, Klänge, Geschmacksnoten, Bilder und Gerüche ganz dein sein.

Bereite der Kali Ma, die nach tantrischem Glauben die Lebenskraft ist, einen Altar. Sei schöpferisch! Stell anziehende Sachen auf den Altar. Besorg dir ein buntes Tischtuch; steck ein paar von deinen Lieblingsblumen in eine nette Vase; hol dir ein paar rote Kerzen und gib sie in deine Lieblingskerzenständer. Wähl ein Bild oder einen Gegenstand, der Kali Ma symbolisieren soll. Sie kann durch alles, was dich an die Vagina einer Frau erinnert, dargestellt werden – durch eine Muschel, eine geöffnete Rose, eine reife Feigenhälfte.

Nimm bei Vollmondin oder Neumondin ein reinigendes Bad. Geh dann nackt zu deinem Altar. Räuchere. Ich empfehle Salbei, Sandelholz, Weihrauch oder Myrrhe. Wähl ein paar Delikatessen aus oder Süßigkeiten und leg sie zum Kosten auf den Altar. Es ist auch Brauch, einen Kelch mit Rotwein zu füllen. Wenn du keinen Alkohol trinkst, sprich das Gebet unten nach, und nimm statt des Weins Traubensaft. Wenn du Glocken hast, stell auch sie auf den Altar. Die Göttin liebt ihren Klang.

Sing, während du den Duft des Räucherwerks einatmest: »Kali Ma, Kalina Ma, ich gebe mich der Liebe hin«, bis du das Gefühl hast, daß deine Körpertemperatur gestiegen ist. Nimm das Glas Wein (oder Saft) und biete es ihr dar, indem du sprichst:

> Wie diese Flüssigkeit Trauben in Wein
> wandelt,
> so wandle ich Traurigkeit in Freude.
> Wie ich diesen Kelch Wein trinke,
> so erfüllt neue Energie mein Leben.
> Meine Lebenskraft wächst und zieht deine
> Freuden an –
> Kali Ma, Kali Ma, Kali Ma, Kali Ma,
> deinem Fluß geb' ich mich hin.

Biete nun die Speisen der Kali Ma dar. Nimm einen Bissen. Dann sprich:

> Wie ich von diesen köstlichen Speisen esse,
> so ißt du die Speisen mit mir. (Läute die Glocke)
> Wie ich diesen Tönen lausche,
> so tanzt du in mir. (Berühr dich selbst voll Liebe)
> Wie ich mich berühre,
> so liebst du mich.

Dieser Zauber kann einige Zeit brauchen. Berühr dich selbst, aber erlaub dir nicht, zum Orgasmus zu kommen. Wenn du fast soweit bist – hör auf. Atme tief ein, und richte deine Energie auf deine Genitalien. Fühl, wie dein Herz in der Lebensenergie weiter wird. Wiederhol dies dreimal und belohn dich dann mit einem Orgasmus.

2. Einen Liebsten/eine Liebste gewinnen

Sei nicht scheu; es ist Zeit, aktiv zu werden, damit du den Liebsten oder die Liebste kriegst, den oder die du willst. Einen Liebeszauber zu wirken ist ein Weg, deine Einsamkeit hinter dir zu lassen. Besorg dir zwei Kerzen. Eine wird für dich stehen, die andere für deine wahre Liebe. Wähl dir Farben, die dich anziehen. (Ein Kirschrot – kein zorniges Rot – ist empfehlenswert.)

Schreib deinen Namen mit einem Rosendorn auf die Vorder- und Rückseite der Kerze, die dich repräsentiert. Tu das gleiche mit dem Namen deines oder deiner über alles Geliebten auf der anderen Kerze. Auch wenn du keine besondere Person ins Auge gefaßt hast, kann dieser Zauber trotzdem wirken – schreib einfach die Worte: »Meine wahre Liebe« auf die andere Kerze. Damit läßt du die Göttin ihre Arbeit tun, einen Geliebten oder eine Geliebte für dich zu finden. Stell die Kerzen an den entgegengesetzten Enden eines Altars oder eines speziellen Tisches einander gegenüber. Diese Aufstellung steht für den Weg, den du zurücklegen mußt, bevor du auf deinen Liebsten oder deine Liebste triffst.

(Vergewissere dich immer, daß du die Kerzen auf einen Metalluntersatz oder auf Aluminiumfolie gestellt hast, damit du deine Wohnung nicht in Schutt und Asche legst!) Entzünde die Kerzen und sprich:

> Gesegnet seist du, Geschöpf des Feuers!
> Gesegnet sei (dein Name) und gesegnet sei (Name deiner Wunschperson)! (Sieh in die Flammen)

Entzünde etwas Salbei in einem Räuchergefäß – nur ein bißchen für die Stimmung. Sieh wieder in die hellen Flammen. Gestatte dir Ehrfurcht vor den Flammen. Liebe ist Feuer. Sprich:

> Nun möge die Göttin der Liebe in dieses Ritual eintreten!

Dann sprich:

> Im Namen des strahlenden Geistes der Liebe,
> ich und (Name) werden ganz nahe zueinander gezogen – unsere Seelen wie auch unsere Körper –, so wie diese beiden Flammen zueinandergezogen werden!

Rück die Kerzen auf dem Tisch ein ganz klein wenig näher zueinander. Blick mindestens zehn Minuten lang intensiv auf deinen Altar und stell dir dabei bildlich vor, wie du und dein Liebster oder deine Liebste von Osten, von Süden, von Westen und von Norden aufeinanderzukommt. Wenn du deinen Altar kurz verlassen mußt, bleib dir der brennenden Kerzen bewußt. Lösch nach einer Stunde die Kerzen, indem du sie mit den Fingern ausdrückst. Sprich einen Segen. Es ist wichtig, daß du die Kerzen während eines Zaubers nie ausbläst, weil du sonst womöglich dein ganzes Glück fortpustest! (Während du hexst, ist es aber in Ordnung.)

Wiederhol diesen Zauber während der drei Vollmondnächte: Nymphe, eigentliche Vollmondin und Weise Alte (siehe erstes Kapitel). Rück die Kerzen in jeder Nacht näher und näher zueinander, bis sie sich am letzten Abend berühren. Laß die Kerzen gemeinsam niederbrennen – ein himmlischer Anblick!

Sammle, wenn die Kerzen aufgehört haben zu brennen, alle Überreste, die auf dem Tisch zurückgeblieben sind, ein – die Asche vom verbrannten Salbei, die Blumen, die du vielleicht als schmückendes Beiwerk verwendet hast, die Wachsreste. Steck sie in eine Papiertüte und bring sie zu einem lebenden Gewässer, das möglichst gesund, lebendig und bewegt ist. Versenk die Überreste nicht in einem stillen See oder einem verschmutzten Strom.

Sprich zum Wasser: »Bitte, kümmere dich für mich darum! Ich danke dir.« Dann wirf die Überreste des Zaubers in das Wasser (nicht aber die Papiertüte!), dreh dich um, und schau nicht zurück. Dich nicht zurückzuwenden ist ein wichtiger Teil des Zaubers. Egal, wie sehr du auch versucht sein magst – dreh dich nicht wieder um.

Wenn du diesen Zauber voll Aufrichtigkeit wirkst, wirst du noch vor der nächsten Vollmondin jemanden treffen – das ist ja keine lange Wartezeit. Noch einen Aspekt gibt es in diesem Zauber, an den du dich erinnern solltest: Du mußt offen für die Liebe sein. Wenn die Anziehung sich verwirklicht hat und die Person, die dich interessiert, Zeichen gibt, daß sie die Gefühle erwidert, mußt du ihr eine Chance geben. Aber denk dran: Es kann sein, daß das nicht der Mensch ist, von dem die Göttin wünscht, daß du mit ihm zusammen bist. Wenn du großzügig jeder einzelnen Person, die an dir Interesse zeigt, eine Chance gibst, wirst du einige anziehen. Die dritte Person wird diejenige sein, die du brauchst. Die Göttin läßt auch andere von deinem Zauber profitieren.

3. Wie du dir deine große Liebe erhältst

Du bist ganz verliebt und glückselig. Du fühlst dich gesegnet, und dein Herz steht weit offen. Du hast zwar nicht erwartet, daß du dich so fühlen könntest, aber du tust es, und das macht dich glücklich. Du hattest den Wunsch nach wahrer Liebe ja eigentlich schon längst aufgegeben, aber erst als du nicht mehr auf der Suche warst, hat es dich erwischt. Diese tiefe Liebe erfüllt und umhüllt dich, und du fühlst dich vollständig; es ist die Liebe fürs Leben.

Du wirst, um dir dieses Glück zu erhalten, zum Dank an die Nornen jeden Monat an Vollmondin eine weiße, eine rosafarbene und eine schwarze Kerze entzünden. Geh hinaus, und blick in die Mondin. Kehr in dein Heim zurück, entzünde die Kerzen und sprich:

Die gütigen Nornen haben mein Heim gesegnet;
die gütigen Nornen haben mein Herz gesegnet;
die gütigen Nornen haben meinen Liebsten gesegnet –
meinen Dank entbiete ich mit demütigem Herzen.
Ich danke der Göttin für mein Leben;
ich danke der Göttin für meine Liebe;
ich danke der Göttin für ihren fortwährenden Segen,
der schon auf dem Wege zu mir ist.
Sei gesegnet!

Räuchere nun mit deinem liebsten Räucherwerk.

Tu dies jeden Monat, damit du deiner Wertschätzung für diese große Liebe Ausdruck verleihst.

4. Zwei Zauber, die einen Herumtreiber mehr ans Haus binden

Das ist ein sehr beliebter Zauber! Wie wünschen wir uns doch alle, daß unsere Liebsten mehr zu Hause blieben! Wenn du einen Liebsten oder eine Liebste hast, der oder die mit dir kaum Zeit verbringen will, dann vertrau auf das alte Kraut Yerbe Mate (Mate-Tee). Gib einen Teelöffel dieses Krauts in eine Tasse mit kochendem Wasser und laß es ziehen. Füg ein wenig Honig hinzu und biete es deinem oder deiner Liebsten zu trinken an. Wenn er oder sie protestiert (»Was soll denn das, willst du mich umbringen?«), sei listig. Verbirg das Kraut in Wein oder Kaffee. Aber flüstere, bevor du das Getränk anbietest, dreimal diese Worte darüber:

Warmer Same, warmes Herz,
(Name) und (Name) niemals seien
im Trennungsschmerz.

Der Legende nach wird sein oder ihr Trieb, sich ohne dich herumzutreiben, einfach ganz von selbst verschwinden.

Hier ist noch ein Zauber, der deinen geliebten Herumtreiber zu Hause halten wird. Wenn du dir Milch von zwei stillenden Müttern besorgen kannst, dann verarbeite sie in Brotteig. Sprich mit dem Brot, und bete über dem Brot, bevor du es bäckst. Tu deine Absicht in einem kurzen, gereimten Gebet kund. Meines steht unten; deines solltest du dir aufschreiben.

Mein Liebster bleibt mir treu;
die Mühe andrer vergeblich sei.
Mein Liebster schwelgt mit mir im Glück,
die Erinnerung an andere tritt zurück.

Füttere deinen Liebsten mit diesem besonderen Brot, und jegliche andere Geliebte, die er hatte, wird vergessen sein. Sprich niemals über diesen Zauber; Liebeszauber sollten nicht zerredet werden, sonst sind sie wirkungslos.

5. Zauber, damit dein Liebster dir treu bleibt

Eifersucht ist eine Art Machtlosigkeit. Wenn du dich eifersüchtig fühlst, solltest du deine Zeit nicht damit verschwenden, dich zu demütigen. Man nehme eine Handvoll Lindenblüten, süßes Basilikum, Beeren von der Berberitze, breitblättrige Kresse und gemahlene Nelken. Zerstoß sie, mach eine feine Mischung aus den Zutaten und verbrenn sie auf Holzkohle. Dieses Räucherwerk kann außerdem, wenn du allein bist, einen Geliebten oder eine Geliebte für dich anziehen.

Bettgeflüster

Flüstere deinem Liebsten heute nacht eine Rolle ins Ohr, die du gern spielen würdest. Sag: »Heute nacht spielen wir, daß wir in einem Grateful-Dead-Konzert sind, in einem riesigen Stadion. Alle schreien. Plötzlich treffen sich unsere Blicke. Ohne ein Wort zu wechseln, wissen wir, was wir wollen. Wir kämpfen uns zum Gang durch, unsere Hände berühren sich, und der Funke zwischen uns ist elektrisierend, wie das Rufen der Gitarre. Wo können wir hin? Unsere Leidenschaft läßt uns stolpern, wir schaffen es bis in den leeren Gang. Im Stadion brüllt die Menge. Während die heulenden Gitarren der Band sich zum Höhepunkt steigern, drückst du mich gegen den harten Beton ...«

Freitagabend: Wer wärst du denn gern heute nacht?

Bis jetzt haben wir darüber geplaudert, wie du dich selbst liebst, über oralen Sex, Sex mit dir unten, Sex mit dir oben. Trotz all dieser Variationen entsprach das alles eher dem Standard. Aber heute ist Freitag abend; du hast dich ein bißchen von der Arbeitswoche erholt, und morgen früh kannst du ausschlafen. Warum also solltest du die Gelegenheit nicht beim Schopf packen und etwas Neues ausprobieren?

Kinder lernen, wer sie sind, indem sie viele Rollen spielen. Sie verkleiden sich beim Spielen als Ärzte, Polizisten, Räuber. Du kannst eine Menge über dein eigenes verborgenes erotisches Potential lernen, indem du neue Szenarien in deinem Schlafzimmer ausprobierst. Schäm dich nicht wegen deiner Phantasien. Gängige Phantasien wie »Ich Tarzan, du Jane!« gibt es tatsächlich. Die Szenarien weichen allerdings wegen der unterschiedlichen Vorstellungskraft, die ein Geliebter ihnen verleiht, und der unterschiedlichen Kreativität voneinander ab. Kannst du loslassen? Hab keine Angst davor, deine eigenen Phantasien zu entwickeln. Deine Phantasie kann sich an einem Buch, das du gelesen, einem

Film, den du gesehen, einer Unterhaltung, der du im Bus gelauscht hast, entzünden. Alles kann zur Phantasie werden. Gebrauch deine Vorstellungskraft, und hol etwas hervor, was dich erregt. Ich hoffe, daß dein Liebster oder deine Liebste tatkräftig mitspielen wird. Alles, was du dir vorstellen kannst, ist nur recht und billig, solange es dich erregt. Willst du eine mysteriöse Geliebte sein, die unsichtbar in der Dunkelheit agiert? Dein Liebster kann dich weder sehen noch halten. Er kann nur ganz still daliegen und deine Liebe erfahren ... Was würdest du mit ihm – oder ihr – anstellen? Du kannst es ziemlich weit treiben mit einem Rollenspiel, solange ihr beide damit einverstanden seid.

Solosex

Nimm heute abend das empfohlene Bad, und segne dich von Kopf bis Fuß. Dann freu dich an dir selbst. Wenn es in deinem Bad eine auf verschiedene Sprühstärken einstellbare Dusche mit Duschschlauch gibt, dann gebrauch sie, um deine Klitoris zu stimulieren. Eine meiner Freundinnen beginnt jedesmal zu kichern, wenn ich sie über ihre Badeerlebnisse ausfrage. Die verstellbare Brause ist eine reine Freude für sie. Wenn du nicht so eine verstellbare Brause dein eigen nennen solltest, kannst du dir auch damit Freude bereiten, daß du warmes Wasser über deinen Körper gießt. Du wirst vielleicht das Gefühl genießen, warmes Wasser über deine Vulva rinnen zu lassen. Die Wärme beruhigt und entspannt, und sie erregt zugleich. Du weißt schon, was dir guttut. Nutze die Zeit im Bad, dich selbst zu erforschen und dich selbst zu lieben.

Bettgeschichte: Der Liderc

In ungarischen Volksmärchen kommt immer wieder ein Wesen vor, das Liderc genannt wird. Der Liderc ist eine Kreatur aus dem Sumpf, die sich in Gestalt eines zerrupften Hühnervogels zeigt. Diese Wesen haben eine symbiotische Beziehung zu den Menschen: Sie werden nur durch das menschliche Mitgefühl aktiv. Manche meinen, der Liderc werde von Menschen ausgebrütet, die seine haarigen grünen Eier eine Mondphase lang unter ihren Achseln tragen. Und das Ei muß ein Hahnenei sein, und es muß das erste Ei sein, das je gelegt wurde – mit anderen Worten, der Erstgeborene der Henne. Nur dann kommt der Liderc auf die Welt. Der Liderc ist kein Succubus (niederer Geist, Anm. d. Übers.), aber wer einsam ist, zieht ihn an. Die Einsamen sind voll brennender Wünsche; sie haben eine Menge Liebe zu geben, und sie brauchen Liebe und Zuwendung. Der Liderc bevorzugt wechselseitig abhängige Beziehungen. Er braucht eine kluge Meisterin, um von Nutzen zu sein. Er bleibt bei dir, bis du stirbst, und dann zieht er weiter.

Es war einmal eine Frau namens Mihaly, die sah aus ihrem Fenster und erblickte eine Kreatur, die lag während eines schrecklichen Unwetters im Regen und litt fürchterlich. Das Wesen dauerte sie, und so holte sie es herein, säuberte es und trocknete es an ihrem Ofen. Als das Wesen (das wie ein altes Huhn aussah) das Bewußtsein wiedererlangte, begann es in ihrer Küche auf und ab zu spazieren, und dabei gackerte es unablässig. Endlich begann Frau Mihaly es zu verstehen.

»Was soll ich dir bringen? Was soll ich dir bringen?« gackerte es pausenlos.

Frau Mihaly riß der Geduldsfaden, und sie sagte ärgerlich: »Scheiße!«

Nun, der Liderc – denn ein solcher war die Kreatur – schüttelte sich, wurde zu einem Feuerball mit einem langen Schweif, zischte aus dem Fenster und verschwand. Kaum eine Stunde war vergangen, da hörte Frau Mihaly ein Gerumpel. Der Liderc kam zurück, und er trug etwas Braunes und Stinkendes. Als er landete, war Frau Mihalys Haus ganz mit Jauche angefüllt. Das war Frau Mihaly eine Lehre! Der Liderc nahm wieder die Form eines zerrupften Huhns an. Und wieder begann er zu gackern: »Was soll ich dir bringen? Was soll ich dir bringen?«

Diesmal trug Frau Mihaly dem Liderc auf, die Jauche fortzuschaffen, was er tat. Dann sagte sie: »Bring mir Gold!« Und wiederum schüttelte der Liderc sich, verwandelte sich in einen Feuerball mit einem langen, langen Schweif und flog aus dem Fenster. Ein Weilchen später kam er zurückgeflogen, und – o Wunder! – wie Regen begannen die Goldstücke auf Frau Mihaly niederzuprasseln, bis sie inmitten eines riesigen Goldhaufens saß.

Zur selben Zeit verbreitete sich die Kunde über einen großen Raub: Alles Gold aus der Stadtkasse war verschwunden, und die Polizei suchte den Dieb. Sie vermochten sich nicht vorzustellen, wie jemand die Stadtkasse berauben konnte, denn kein einziges Fenster war zerbrochen, und kein einziges Schloß war gewaltsam geöffnet worden. Die Suche wurde lange Zeit fortgesetzt. Frau Mihaly aber wußte, daß sie auf dem Gold aus der Stadtkasse saß, also wagte sie nicht, es auszugeben. Mittlerweile hungerte sie schon.

Der Liderc war sehr zufrieden mit sich, aber er fuhr fort, den lieben langen Tag zu schreien: »Was soll ich dir bringen? Was soll ich dir bringen?«

Frau Mihaly war klüger geworden. Diesmal gab sie dem Liderc eine Liste mit Lebensmitteln und sprach: »Bring mir Eier und ein Schwein und eine Milchkuh und Gemüse!«

Der Liderc verschwand, und als er zurückkam, hatte er die Lebensmittel. Aber die Kuh gehörte jemand anderem, ebenso das Schwein. Die Eier und das Gemüse hatte er aus dem Laden gestohlen. Die Nachbarschaft begann sich gegen die Diebe, die die Stadt plünderten, zu bewaffnen.

Frau Mihaly wagte nicht, sich zu zeigen. Sie war verzweifelt. Sie hatte von einem alten Weisen in der nächsten Stadt gehört, und sie suchte ihn auf, wobei sie den Liderc nicht allein zu Hause ließ. Der Alte nickte nur. »Der Liderc ist ein sehr mächtiger Geist«, sagte er zu ihr, »er sollte nicht für Raubzüge dienen.«

»Aber ich bin ja nur eine einfache Bäuerin«, sagte Frau Mihaly, »ich weiß doch nicht, wie ich ihn gebrauchen soll. Warum kannst du ihn nicht von mir nehmen? Du bist doch ein weiser Mann.«

»Nein, nein«, sprach der Alte, »du kannst zwar versuchen, ihn hierzulassen, aber das wird dir nichts nützen. Der Liderc ist an dich gebunden. Er wird immer wieder zu dir zurückkehren.«

Frau Mihaly ließ also den Liderc bei dem Alten und machte sich auf den Weg nach Hause. Aber sobald sie die Tür öffnete, hörte sie den Liderc drinnen gackern: »Was soll ich dir bringen? Was soll ich dir bringen?«

Nun begann sie Tag und Nacht darüber nachzudenken, wie sie dieses Wesen loswerden könnte. Sie brachte es dorthin zurück, wo sie es gefunden hatte, aber es kam wieder zu ihr zurück. Sie verkaufte den Liderc einem Freund, aber er kam wieder zu ihr zurück.

Und endlich befahl sie ihm, das Gold, die Kuh und das Schwein zurückzugeben und ihr von nun an nur Kleinigkeiten zu bringen, damit sie wenigstens wieder etwas zu essen hätte. Und sie trug ihm auf, die Dinge von ganz weit entfernt herzubringen. Das half. Frau Mihaly war gut versorgt. Der Liderc brachte Dinge aus weit entfernten Ländern. Frau Mihaly besuchte wieder den Alten, um zu sehen, ob er irgend etwas herausgefunden hatte, was ihr helfen könnte, weil sie es nicht länger mit dem Gegackere des Liderc aushielt.

»Der Liderc kann sterben, wenn die Aufgabe, die du ihm stellst, zu schwierig für ihn ist«, sagte der Alte. »Wenn ihm dabei ein Muskel reißt, wird er sterben.«

Also ging Frau Mihaly nach Hause und sprach zum Liderc: »Füll meinen Speicher mit Weizen aus dem Land am anderen Ende der Welt!«

Nachdem der Liderc aufgebrochen war, bohrte sie Löcher in die Decke und den Boden, damit der Weizen immer wieder herausrinnen würde. Aber der Liderc war stark. Als er wiederkehrte, füllte er ihr Haus mit so viel Weizen an, daß der die Löcher verstopfte. Und er tat sich auch nicht weh.

Aber nun, mit so viel Weizen, war Frau Mihaly reich. Sie kaufte noch ein Haus und hielt den Liderc in ihrer alten Hütte. Und so lebten die beiden zusammen, wenn auch mit großen Schwierigkeiten. Der Liderc wollte, daß sich Frau Mihaly um ihn kümmere, ihn liebe, ihn darum bitte, Dinge für sie zu tun. Frau Mihaly wiederum wollte ihr altes Leben zurückhaben, wo sie zwar arm gewesen war, aber ihren Frieden gehabt hatte.

Dann ging eine Verwandlung in Frau Mihaly vor. Sie begann zur Jungfrau zu beten, Wallfahrten zu machen und den Armen zu geben. Sie gebrauchte ihren Liderc, um unmögliche Dinge für die Menschen zu erreichen: Sie baute Häuser für Obdachlose, fand fremdländische Samen, die mehr Ertrag brachten als die einheimischen. Sie wurde zur großen Wohltäterin eines Waisenhauses. Sie gebrauchte ihren Liderc tatsächlich so zum Wohle anderer, daß manche sie als eine Heilige ansahen, als Retterin in der Not.

Aber der Klerus mochte sie nicht. Die Priester sahen, daß sie von den Armen sehr verehrt wurde und viel Geld und Aufmerksamkeit bekam, also suchten sie sie zu vernichten. Mittlerweile wußten schon alle, daß sie einen Liderc besaß. Eines Tages nun beschlossen die Priester, daß es genug sei, und sie beschuldigten Frau Mihaly der Hexerei. Das war eine sehr ernste Anschuldigung; man konnte sie dafür hinrichten. Sie warfen sie in den Turm, und dann gingen sie, den Liderc als Beweismittel zu holen. Das zerzauste Huhn war leicht einzufangen. Als sie es hereintrugen, gackerte es immer noch vor sich hin: »Was soll ich dir bringen? Was soll ich dir bringen?«

Dann stand Frau Mihaly in Ketten vor den Richtern. Die Richter trugen alle schwarze Roben, und sie waren eifersüchtig und böse auf sie. Die Menschen, die sie liebten, versammelten sich draußen in einer Menge und riefen ihren Namen.

»Du bist angeklagt, einen Pakt mit dem Teufel geschlossen zu haben, damit du diesen Liderc bekommst, der dir Dinge bringt!« sagten ihre Ankläger.

»Den Teufel habe ich niemals getroffen«, antwortete Frau Mihaly, »ich fand nur diesen Liderc hier. Ich dachte, er sei ein leidendes Tier, und ich half ihm, weil er mich dauerte. Dann stellte sich heraus, daß es ein Liderc war. Zuerst brachte er mich fast zur Verzweiflung. Aber dann fand ich heraus, wie ich seine Macht zum Wohle aller einsetzen konnte, und nun tun wir Gutes für die Armen und für die Kinder. Ich bin glücklicher, als ich es je in meinem Leben war.«

»Leugnest du etwa, daß dir diese Kreatur für jegliche Laune dienlich ist?« fragten die Richter.

»Nicht für jegliche Laune«, antwortete Frau Mihaly, »er versucht nur zu helfen.«

»Leugnest du dann, daß du die Macht des Teufels benutzt hast, um all die Dinge, die erwähnt worden sind, zu tun?« bohrten die Richter weiter.

»Ich bestreite es!« rief Frau Mihaly. »Der Liderc ist ein schwieriger Geist, aber er ist nicht der Teufel. Versteht doch, er meint es gut.«

»Alle Geister, die nicht den Segen der Kirche haben, sind Teufel!« sagten die Richter. »Wir befinden dich der Hexerei für schuldig. Deine Strafe ist der Tod.«

Frau Mihaly wußte, wenn sie nun fortgeschleppt würde, käme sie niemals mehr nach Hause.

»Liderc«, schrie sie voller Verzweiflung, »bring mir den Papst! Und schnell!«

Das Huhn schüttelte sich und wurde zu einem Feuerball. Zum Erstaunen aller Anwesenden flog es aus dem Fenster.

In weniger Zeit, als die Leute hätten sagen können: »Rettet Frau Mihaly!« war der Papst in ihrer Mitte, und der Feuerball wurde wieder zu einem gackernden Huhn.

»Was ist das? Wo bin ich?« verlangte der Papst zu wissen.

»Verzeiht uns, o Heiliger Vater!« sagten die Priester. »Wir haben hier eine sehr mächtige Hexe, und wir haben sie für schuldig befunden. Da schickte sie ihren Diener los, euch zu holen.«

»Also bringt mich zurück!« verlangte der Papst.

»Das kann nur die Hexe!«

»Bringt mich zurück! Sofort!« brüllte er ärgerlich.

»Was will er denn?« fragte Frau Mihaly, die kein Italienisch verstand.

»Er will nach Hause zurück«, sagten die Priester.

»Fragt ihn, ob er den Armen Geld gibt und ein Dach über den Kopf und sie speist und sie auch sonst unterstützt«, sagte Frau Mihaly. Die Priester fragten, und der Papst antwortete natürlich, daß er das tue. Er tue soviel, wie in seiner Macht stehe.

»Sagt ihm, nichts anderes habe ich getan«, forderte sie. Sie taten es.

»Aber du hast nicht dein eigenes Geld verwendet; du hast den Liderc gebraucht, um all diese Wohltaten für dich zu tun«, antwortete der Papst.

»Und du benutzt das Geld der Leute«, erwiderte Frau Mihaly, »die Kollekten, die sie dir aus aller Welt schicken. Wenn ich schuldig bin, bist du's auch.«

Die Priester fragten den Papst, was er wolle, daß sie tun sollten, und der Papst war sehr nachdenklich geworden. Die Hexe tat tatsächlich gute Werke – und sie war die einzige, die ihn nach Hause schaffen konnte.

»Laßt sie gehen!« sagte der Papst.

Man nahm Frau Mihaly die Ketten ab. Doch Frau Mihaly war inzwischen klüger geworden. Nun sagte sie zu ihrem Liderc: »Bring den Papst nach Hause, sei ganz schnell. Dann komm wieder zurück, und beschütze mich in Zukunft.«

Das war es, was der Liderc hören wollte, denn die Lidercs sind ganz auf menschliche Bedürfnisse, auf menschliches Begehren ausgerichtet. Sie geben, worum du sie bittest. Danach verbrachte Frau Mihaly viel Zeit damit, über ihren Liderc nachzudenken, und sie erzählte den Alten, was sie gelernt hatte, und darum wissen wir heute auch so viel über den Liderc.

Eines Nachts nun sah Frau Mihaly im Traum eine Göttin mit zwei Fackeln, eine wies zum Himmel und die andere zur Erde. Die Göttin stand an einer Wegkreuzung, und die Krone, die sie trug, sah aus wie die der Mondin. In diesem Traum sagte die Göttin: »Liderc ist eines meiner umherstreifenden Feuerkinder, die aus den Flammen meiner Fackel verlorengegangen sind. Laß ihn in Seide gewickelt um Schlag Mitternacht in der Wegkreuzung am Friedhof zurück. Ich werde ihn zurücknehmen.«

Nun wußte Frau Mihaly, wie sie ihren Liderc loswerden konnte, was ja ihr Wunsch gewesen war, bevor sie mit ihrer karitativen Arbeit begonnen hatte. In dieser Zeit wiederum hatte sie den Liderc gesegnet, weil er so großzügig war. Aber nach diesem Traum wußte sie, daß die Zeit gekommen war, ihren Liderc aufzugeben. Sie ging also die Seide holen und wickelte das Huhn in sie ein.

»Leb wohl, Liderc!« sagte sie. »Ich bringe dich zurück zu deinem dir eigenen Platz. Danke für alles.«

Und als sie das gesagt hatte, hielt der Liderc endlich seinen Schnabel. Kein Gegacker mehr. Kein nervenaufreibendes »Was soll ich dir bringen? Was soll ich dir bringen?«. Nur Stille. Um Schlag Mitternacht ließ sie den Liderc an der Wegkreuzung beim nahen Friedhof zurück und sah sich nicht mehr um, obwohl es sie verlockte. Der Legende nach verließ der Liderc die Gegend für immer. Das war einer der letzten Lidercs, von denen man in Ungarn gehört hatte.

Samstagabend

Ein Abend in der Stadt oder ein Abend zu Hause

Die Energie am Samstagabend

Es kommen einem viele Bilder, wenn man an den Samstagabend denkt. Am Samstagabend geht es hoch her: Unterhaltung, Kino, Tanz, Einladungen, Konzerte und Hochzeiten – also Feiern schlechthin. Und vor allem Verabredungen, Verabredungen, Verabredungen! Was für einem Druck wir uns doch dieser Verabredungen wegen aussetzen! Als ich noch ein Mädchen war und in Ungarn lebte, ließen sich die jungen Frauen nachmittags die Zukunft voraussagen. Dann kam die Frisur dran, und danach gingen sie aus zum Tanzen. Das war's. Heutzutage ist das Gesellschaftsleben komplizierter. Unsere Gesellschaft hat die meisten traditionellen geselligen Veranstaltungen, wobei man sich kennenlernen konnte, abgeschafft. Kreistänze, Volksfeste, die örtliche Kupplerin, die jeden in der Stadt kennt, gibt es in der Form nicht mehr. Andererseits haben wir nun Kulturereignisse und Vereine, die von Menschen mit gemeinsamen Interessen getragen werden. Die guten alten Schicksalsgöttinnen schaffen es also immer noch, die Leute trotz des Mangels an Unterstützung seitens der Gesellschaft irgendwie zusammenzubringen.

Wenn du am Samstagabend eine Riesenfete veranstalten willst, solltest du schon bis Mittwoch alle Vorbereitungen dazu getroffen haben. Heutzutage verlangt das gesellschaftliche Umfeld Bedachtsamkeit und Vorausplanung; du kannst nicht einfach in der letzten Minute etwas ausbrüten und von den Leuten erwarten, daß sie dann auch tatsächlich verfügbar sind. Die meisten Menschen scheinen es furchtbar eilig damit zu haben, das Leben zu konsumieren.

Wenn du einen deiner Freunde triffst, ist es Zeit, diese Energie nach innen zu richten. Dein wahrer Gefährte ist dein inneres Selbst. Die Zeit, um sich ganz auf sich selbst besinnen zu können, ist rar und kostbar. Ergreif die Gelegenheit dazu am Samstagabend.

Was der Samstagabend bedeutet

Dieser Tag ist nach dem Planeten Saturn benannt. Der gute, alte römische Saturn genoß es, zu feiern, Wein zu trinken und zu singen. Kein Wunder also, daß der Samstagabend so oft als der Abend angesehen wird, an dem man ausgeht und sich vergnügt. Heutzutage würde dem Saturn wahrscheinlich eine gute Karaokebar sehr viel Spaß machen. Und während du dich beim Ausgehen amüsierst, hilft Saturn, dein Heim und deine Besitztümer zu schützen.

Die Göttin am Samstagabend: Trivia

Laß uns mal über das Tao der Haushaltstretmühle reden! Es gibt ein altes Hexensprichwort, das geht so: »Du mußt erst der Göttin *Trivia* dienen, bevor du den Rest verdienst.« Die Göttin der Trivialitäten gibt es überall in deinem Leben; sie regiert die kleinen Dinge im Alltag. Ihre Heilige Schrift sind Einkaufslisten, unbezahlte Rechnungen, Steuern, Scheckbücher und Rezepte. Sie steht auch dem Heim und der Haushaltsführung vor. Sie wird durch Kehren, Abstauben, Wäsche waschen, Pflanzen gießen und den Müll raustragen verehrt.

Diesmal ist also der Hausputz keine Angelegenheit einer männlichen Verschwörung. Frauen lernten einst die Energie zu steigern, indem sie die Wohnstätten sowohl spirituell als auch materiell reinigten. Ich selbst hatte mir eigentlich geschworen, niemals an einem Samstag oder Sonntag Hausarbeit zu machen; nun putze auch ich mein Haus am Wochenende – und es fühlt sich gut an. Ich putze heute, weil es die rechte Zeit dafür war: Neumondin und ihre wachsende Energie machten es leichter (obwohl manche meinen, den Müll loszuwerden sei eine Arbeit, die man sich am besten für die abnehmende Mondin aufhebt).

Wenn ich putze, versuche ich zugleich auch den psychischen Müll loszuwerden. Wenn ich Abfälle in den Müllkübel werfe, benenne ich meine Probleme: »Das ist mein nagender Selbstzweifel! Das ist meine Neigung, die Dinge aufzuschieben! Das ist mein Gefangensein in alten Mustern!« Und ich schicke all meine Probleme mit dem echten Müll fort. Dann verbrenne ich Räucherwerk im ganzen Haus, um auch die Luft zu reinigen, und bete zu meinen Vorfahren, daß sie über mich wachen und mein Haus mit Segen erfüllen mögen.

Du kannst sehr viel über dich lernen, wenn du deinen Haushaltsmüll analysierst. Einmal räumte ich mein hinterstes Zimmer auf und fand dort tatsächlich ein Katzenklo, das mein Kater Pan eigentlich nie benutzt hatte, weil er fast sofort lernte, sein Geschäft draußen zu verrichten. Pan ist jetzt sieben Jahre alt, und doch hatte ich dieses Relikt seiner »Kindheit« aufbewahrt. Was war das? Ein blinder Fleck? Bedeuteten mir diese Überreste der Katzenkinderstube irgend etwas? Ich dachte also darüber nach, und in diesem Fall entschied ich mich, daß ich einfach nur unaufmerksam gewesen war. Die Katzenscheiße ist Müll. Nichts Tiefes. Ich warf sie weg.

Bei Neumondin prüfe ich auch, was ich dringend erledigen muß. Ich reinige am Samstagabend auch meinen Altar. Das ist keine große Sache: Ich stelle nur meine Göttinnenstatuen um, staube das Glas ab, kratze die Wachsreste weg. Wenn ich fertig bin, entzünde ich eine goldene Kerze für Glück und gutes Gelingen.

All diese Aktivitäten sind sowohl innere als auch äußerliche Arbeit. Manche meditieren besser, wenn sie mit irgendeiner häuslichen Aufgabe beschäftigt sind. Manche Frauen plaudern gern beim Stricken. In alter Zeit rebelten die Frauen die Maiskolben, während sie ihren Geschichten lauschten. Durch diese Geschichten konnten sie über ihr eigenes Leben reflektieren. Was auch immer die Arbeit sein mag, sie kann zu einem Gebet werden, wenn sie dir hilft, die innere Arbeit deiner Seele zu verstehen.

Ich habe an diesem Wochenende nicht viel Zeit mit Putzen verbracht, aber jetzt fühle ich mich wohler und leichter. Ich spüre, daß ich etwas erreicht habe. Ich habe Trivia angebetet.

Die Atmosphäre am Samstagabend

Deine Geschmacksknospen können für dich eine ganz bestimmte Atmosphäre schaffen. So viele Delikatessen kannst du schmecken – süßes Backwerk, frische Früchte oder deinen Liebsten/deine Liebste. An diesem Abend solltest du allem, was du in deinen Mund steckst, Aufmerksamkeit schenken. Kannst du es beschreiben? Erinnert es dich an irgend etwas anderes? Kannst du dich an eine Geschichte aus deiner Vergangenheit erinnern, in der dieser Geschmack eine Rolle spielte?

Warum also nicht einen Teil deiner Küche ins Schlafzimmer tragen? (Ich meine damit nicht, daß du deine Mikrowelle oder deinen Kühlschrank umstellen sollst!) Deine Wilde Frau liebt es, delikat vorbereitete Speisen zu essen und frisches Wasser, Saft oder Wein zu trinken. Stell überall in deinem Schlafzimmer Schüsseln mit Speisen hin – auch auf deinen Altar. Mach dir heute abend über Kalorien keine Gedanken. Bereite eine besondere Süßigkeit vor, und teil die Köstlichkeiten mit deinem oder deiner Liebsten. Füttert einander. Greif in die Schüsseln, und leg die Speisen deinem oder deiner Liebsten auf die Lippen.

Am Samstagabend sollte das Licht in deinem Schlafzimmer gedämpft sein. Also knips die Lampe aus, und entzünde zwei Kerzen. Muskat ist ein anregender Duft. Es wird ohnehin so viel sexuelle Energie im Zimmer sein, daß du sie förmlich schmecken kannst.

Die Bach-Blütenessenz für den Samstagabend: Scleranthus

Es ist Samstagabend, und du kannst dich einfach zu nichts entscheiden. Willst du mit Freunden ausgehen oder zu Hause bleiben und dir einen Film anschauen? Willst du japanisch essen gehen oder lieber daheim kochen? Wenn du dich unentschlossen fühlst oder sich deine Laune so schnell ändert, daß du schon gar nicht mehr weißt, in was für einer Stimmung du eigentlich bist, empfehle ich dir die Bach-Blütenessenz *Scleranthus*. Wenn du dich in einer Minute mit irgendeiner Person amüsierst und du sie in der nächsten nicht mehr aushältst, dann werden dir drei Tropfen Scleranthus auf die Zunge über den Abend helfen.

Das Bad am Samstagabend: Eine Verabredung mit dir selbst

Leite dieses Wochenende mit einem lilafarbenen Reinigungsbad ein. Lila ist nicht nur die Farbe der Macht und der Arbeit, es ist auch die Farbe des Erfolgs und der Integration aller Lektionen, die dir das Leben erteilt hat. Wenn du zwischen einander widersprechenden Ideen oder Glaubenshaltungen zerrissen warst, bedarfst du der Synthese. Entzünde eine lilafarbene Kerze neben deiner Wanne, entspann dich, und laß deine Gedanken einfach wie einen Fluß durch dich durchlaufen – pick nichts heraus, greif nicht ein. Hier nun eine Meditation zur Reinigung:

> Entzünde ein wenig Räucherwerk, und stell dir dich selbst als Besucherin in einem uralten Tempel vor, die gerade dabei ist, in die tiefen Mysterien einzudringen. Folg den Gängen dieses imaginierten Tempels bis hin zu einem lilafarbenen Zimmer, wo eine Königin auf einem Amethystthron sitzt. Während du dich ihr ehrfurchtsvoll näherst, siehst du, daß sie in ein feines purpurnes Seidenkleid gewandet ist. Vor ihr am Boden befindet sich ein weites Becken, das mit einer Flüssigkeit gefüllt ist. Du siehst hinein, erwartest dein Spiegelbild zu sehen, aber da ist alles verschwommen. Du erhascht Bruchstücke aus deinem eigenen Leben und Gedankenfetzen, aber das ergibt alles keinen Sinn für dich. Beug dich nun ganz nahe zur Königin vor, denn sie flüstert dir etwas sehr Wichtiges zu. Was ist es? Hör hin! Nachdem du die Botschaft empfangen hast, drehst du dich wieder zum Becken

zurück und blickst hinein. Die Flüssigkeit ist klar; sie spiegelt deine Seele. Was siehst du?

Stell dich nun nackt vor deinen wirklichen Spiegel, entzünde zwei Kerzen und stell sie an beiden Seiten des Spiegels auf; blicke dir dabei fortwährend ins Gesicht. Nach ein paar Minuten wirst du sehen, daß sich das Gesicht im Spiegel verändert. Du siehst möglicherweise, wie dein Gesicht plötzlich sehr alt oder sehr jung wird. Du siehst dein Gesicht schneller und schneller durch viele Inkarnationen jagen, die alle deine sind. Du siehst dich vielleicht mit anderem Geschlecht, das kann ein ziemlicher Schock sein. Bleib dabei, dir selbst bei der Veränderung zuzusehen, und laß sie geschehen. Wisse, daß das Leben ein heiliger Faden ist; unsere Lebensspannen sind die Perlen, die auf dem Faden aufgefädelt sind. Alle Lebensspannen sind voneinander getrennt und abgeschlossen, jede Perle vollständig und vollendet.

Bleib so lange vor dem Spiegel, wie Bilder kommen. Wenn sie aufhören, solltest du das auch tun. Mach das nicht noch einmal, bevor du wieder eine Nacht allein verbringst. Geh nun ins Bett.

Den Samstagabend daheim mit deinem Liebsten oder deiner Liebsten verbringen

Gerade weil sie Gelegenheiten schuf, weil sie es Liebenden leichter machte und es begünstigte, daß sie zusammenkamen, funktionierte die Kultur unserer Vorfahren. Darüber gäbe es einiges zu erzählen:

Absinthtee: Wenn du einen Wermuttee (die geschmackgebende Zutat im Absinth) zubereitest und ihn mit jemandem gemeinsam trinkst, wird er, so sagt jedenfalls die Legende, die Seelen anregen und die zwei Herzen so füreinander erwärmen, daß sie zusammenkommen. Mit anderen Worten: Wenn zwischen dir und deinem Gefährten/deiner Gefährtin es einfach nicht funken will, könntest du es vielleicht mit einem kleinen Täßchen Tee probieren. Auch wenn ein verheiratetes Paar oder ein altes Liebespaar die Gefühle in der Beziehung aufwärmen will, ist dieser Tee wirksam.

Wenn du Wermut unter deinem Bett verteilst, wirst du einen Geliebten/eine Geliebte anziehen. Das ist einfach großartig – kein Hin und Her, keine mühsamen Anrufe – nur ein kleines Kräutlein unters Bett gestreut, und schon geschehen Wunder. Wenn dich die Lebenden zu Tode langweilen und du Wermut und ein bißchen Sandelholz in einem Ritual als Räucherwerk verbrennst und dabei betest, die Geister mögen zu dir kommen, dann, sagt die Legende, wird das die Seelen der Toten dazu bringen, zum Tee bei dir zu erscheinen. Aber gib acht! Die Welt der Toten ist mindestens ebenso vielfältig wie die der Lebenden – es treiben sich auch dort ziemlich viele dunkle Gestalten herum.

Was jetzt kommt, ist für mich das Beste! Ja, wir sprechen immer noch vom Wermut. Wenn du ihn, während du kochst, dem Essen beifügst, dann, so sagt die Legende, wird sich sogar die frigideste Person in eine heißblütige Geliebte verwandeln, und Impotente erlangen ihre Männlichkeit zurück. Dieses wunderbare Kraut wird in Europa und Asien außerordentlich geschätzt. Lies nach und überzeug dich selbst: Die Kräuter aus der Familie der Artemisia sind der Segnungen voll. Hier noch ein paar nützliche Kräuter:

Balsampappel (Populus gileadensis): Wenn du, so heißt es sowohl auf dem amerikanischen Kontinent als auch in Europa, sieben Samen der Balsampappel in einem roten Flanellsäckchen bei dir trägst, wird auch ein gebrochenes Herz wieder heil.

Betelwurzel: Gib ein winziges Stückchen davon ins Essen deines oder deiner Liebsten. Der Überlieferung nach wird das die Liebesgefühle der gewünschten Person dir gegenüber beflügeln. Mißbrauche es allerdings nicht dazu, eine Person, die bereits in einer Beziehung steht, einzufangen – das bringt dir ein mieses Karma ein. Die Beziehung, die du dann bekämst, würde auch dir das Herz brechen.

Black Cohosh (Schwarzer Cohosh – Cimicifuga): Wenn du mit deinem oder deiner Liebsten gestritten hast, dann streu dieses Kraut um das Bett, und bald werdet ihr euch wieder küssen und versöhnen.

Zauber zur Verlobung oder Heirat, für die Kinder und die Erde

1. Zeremonie und Segen für Liebende

Wenn dir die Göttin gewogen war, lebst du jetzt in einer guten Beziehung, und du weißt, daß ihr beide durch eine ganz besondere Liebe verbunden seid. Ihr solltet eure Freunde zu einer Feier eurer Beziehung einladen. Ihr braucht keine dem Gesetz entsprechende Zeremonie, um in den Augen der Mutter Natur verbunden zu sein.

Die Zeremonie für die Liebenden sollte unter der Vollmondin im April stattfinden. Ladet eure Verwandten und Freunde ein. Ihr wollt ja, daß alle Leute, die euch wichtig sind, dabei sind.

Das Symbol der Liebenden ist die Myrte, also werdet ihr vielleicht eine besorgen wollen, sei's im Blumenladen oder im Park. Deckt eine Tafel ganz wunderbar mit Blumen und gutem Wein (oder Saft). Tischt eure Festspeisen auf; am passendsten für den Anlaß sind Meeresfrüchte. Wenn die Zeit reif ist, dann laßt euren besten Freund oder eure beste Freundin das Wort ergreifen, um Aufmerksamkeit bitten, und in etwa folgendes sagen:

> Liebe Freunde und Freundinnen, wir haben uns versammelt, um eine ganz besondere Beziehung zu feiern zwischen (Name) und (Name). Ich fühle mich geehrt, daß ich diejenige/derjenige bin, die/der die Göttin der Liebe an unseren Tisch bitten und ihr den Wein aus unseren Kelchen und das Brot und die Meeresfrüchte auf unseren Tellern darbieten darf, und ich bitte sie, (Name) und (Name) zu segnen, so daß sie glücklich in gegenseitigem Verständnis und voll Freude ihren gemeinsamen Weg fortsetzen mögen.
> Wie ihr wißt, entspricht es der Tradition, einen Myrtenzweig zu brechen und ihn in diese Versammlung zu bringen, wo er für den Lebensbaum und die Segnungen der Liebe steht. Bietet also, so bitte ich euch, diese Myrte einander dar; so werden wir es bezeugen, und wir segnen sie für euch.

Nun sollte das Paar etwas mit eigenen Worten sagen. Diese Worte sollten spontan sein, damit sie direkt von Herzen kommen. Wende dich mit deinen Worten nicht an eure Verwandten oder Freunde, sondern konzentriere dich einzig und allein auf deinen Liebsten oder deine Liebste. Dann tauscht ihr die Ringe oder irgendein besonderes Erinnerungsstück aus, damit ihr euch immer an diesen besonderen Tag erinnern könnt. Und macht ja Fotos! Entzünde eine rosafarbene Kerze als Symbol für Glück und Ausgewogenheit.

2. Sich verheiraten

Dieser Zauber wird in Ungarn auf dem Land immer noch gewirkt, üblicherweise von Müttern mit ihren Töchtern, die ins heiratsfähige Alter gekommen sind. Aber er kann auch als privater Zauber von einer Frau allein gewoben werden.

In der überlieferten Fassung wird ein Festessen veranstaltet. Der Tisch wird mit einem zusätzlichen Teller neben der Braut gedeckt, der für den zukünftigen Bräutigam vorgesehen ist.

Wenn du einen Gefährten willst, dann koch Speisen, die einen Mann von der Sorte, die du willst anziehen. Deck den Tisch mit dem besten Geschirr, das du hast, so als würdest du ein romantisches Essen zu zweit planen. Besorg eine Flasche Champagner. Wenn das Abendessen fertig ist, servierst du es dir selbst und deinem unsichtbaren Liebhaber. Entzünde eine Kerze, und mach alle Lichter aus, so daß der andere Teller im Schatten liegt. Proste ihm all die Wünsche zu, die du für die Zukunft hast. Laß dich, während du ißt, in die Schatten hineinblicken und dort das Bild deines Liebsten sehen. Wenn du fertig bist, laß die Kerze stehen, damit sie ganz herunterbrennen kann, und laß auch den vollen Teller bis zum Morgen stehen. Sie werden den Ruf an den, den du lieben könntest, weiter ausschicken.

3. Segen für Kinder und Haustiere

Segne deine Kleinen ein- oder zweimal im Jahr im Antlitz der Vollmondin. Erklär ihnen, daß unsere weisen Vorfahren in alter Zeit kleine Tonfigürchen schufen. Sie stellten Vögel, Bären, Wölfe, Eulen und oft auch die Göttin selbst dar. Das Schaffen dieser Abbilder wurde *skira* genannt, das Fest der Bilder.

Besorg dir etwas Terracotta – wunderbare Erde von der Farbe des Fleisches –, und erlaub deinen Kindern, aus dem Ton Abbilder von lebendigen Wesen zu formen. Während ihr so mit dem Ton arbeitet, werdet ihr an all die Schöpfungsgeschichten aus der ganzen Welt denken, in denen erzählt wird, wie Götter und Göttinnen das Leben auf Erden erschufen, indem sie Körper aus Lehm formten. (Wenn du keine Kinder hast, dann schare ein paar Freundinnen um dich, und befreit gemeinsam euer inneres Kind.)

Ihr könnt magische Namen für die Figuren, die ihr aus dem Lehm schöpft, wählen. Ihr könnt sie Eulenfrau oder Erdmann nennen, Mitglied des Bärenjungen-Stammes oder Mitglied des Tauben-Stammes. Während die Figur Form annimmt, verleihst du ihr Kraft, indem du ihr vor deinem Kind eine besondere Bedeutung zuschreibst. Nachdem der magische Name gewählt ist, entzündest du eine weiße Kerze und läßt die Kinder sich in ihr Licht stellen. Laß die Kinder, eins nach dem anderen, sagen: »Ich nenne dich (gewählter Name) und stelle dich der Großmutter Mond vor.« Das Kind verbeugt sich, und du beträufelst es mit gesegneten Tröpfchen von einem grünen Zweig, den du ins Wasser getaucht hast.

Dann sprich zum Kind: »Sei wohlauf und beschützt, (gewählter Name), und geliebt! Sei gesund, glücklich und weise!«

Wenn das Kind einen brennenden Wunsch hat, kann es ihn an den Segen anfügen. (Mein Sohn benutzte jede Gelegenheit dazu, sich ein Minimotorrad zu wünschen.) Zum Abschluß hält das Kind die Tonfigur zur Mondin hoch, wirbelt dreimal im Uhrzeigersinn herum und sagt dreimal: »Ich nehme diese Segnungen an!«

Du kannst die Kerze über die Köpfe der Haustiere der Familie halten und dir vorstellen, wie Großmutter Mond sie segnet. Sprich dann: »Ich segne dich, mein Haustier, meinen Freund/meine Freundin und Gefährten/Gefährtin, mit einem langen und glücklichen Leben!«

Die Tiere hören dich. Vielleicht wissen sie nicht, was die Worte bedeuten, aber sie erkennen die Gefühle, die die Worte hervorgebracht haben, und das ist mehr als genug.

4. Mutter Erde feiern

Wenn du dir verloren vorkommst und du dich zentrieren mußt, dann wird dich dieser kleine Zauber vielleicht wieder ins Lot bringen. Er nennt sich *Ein Treueeid an die Erdfamilie.*

Errichte nach deinem Reinigungsbad einen weißen Altar. Benutz ein weißes Tuch, gib etwas Salz auf einen kleinen, flachen Teller, räuchere mit Räucherwerk deiner Wahl, stell ein Göttinnenbild in die Mitte des Tisches, und hol zwei weiße Kerzen. Stell ein paar weiße Blumen auf den Altar. Entzünde die Kerzen und sprich:

> Gesegnet seist du, Kreatur des Feuers, erleuchte mich!

Entzünde das Räucherwerk und sprich:

> Gesegnet seist du, Bote der Luft, trag dieses Gebet zur Göttin!

Nimm die Blumen und sprich mit erhobenen Händen:

> Ich leiste den Treueeid an die grüne Erde und an ihre Flora, Fauna und an das menschliche Leben, das sie erhält; ein Planet, unteilbar, voll reiner Luft,

reinem Wasser, reiner Erde, wirtschaftlicher Gerechtigkeit, Gleichberechtigung und Frieden für alle.

(Mit Erlaubnis des Women's Foreign Policy Council abgedruckt.)

Stell die Blumen vor das Göttinnenbild. Fühl, während du die Flammen beobachtest, deine Verbundenheit mit allem Leben um dich. Wiederhol den Eid mehrere Male, bis deine Seele mit Mut und Frohsinn erfüllt ist.

Bettgeflüster

Flüstere deinem oder deiner Liebsten ins Ohr, daß du heute nacht volle Aufmerksamkeit erwartest. Kein Fernsehen, kein Radio hören, kein Lesen. Es gibt keine Eile, keine Hast. Euer Platz ist heute in den Armen des anderen.

Samstagabend: Der Ort, wo's passiert

Ein guter Liebesakt kann dich spirituell mit deinem oder deiner Liebsten verbinden. Dein Schlafzimmer ist der heilige Schrein, wo du dich einem oder einer Geliebten hingibst oder den Sex mit dir allein genießt. Die Göttin hat dir Lippen zum Küssen und Saugen gegeben; Augen, mit denen du Blicke über den Körper deines oder deiner Liebsten wandern lassen kannst; Hände, mit denen du forschst. Sie hat dich mit einer Haut ausgestattet, die es genießt, massiert und ausgiebig gestreichelt zu werden. Wenn du ehrlich mit deinem oder deiner Liebsten umgehst und deinem Liebesakt volle Aufmerksamkeit schenkst, wird die Göttin ihre Freude an dir haben, und du und auch dein Liebster/deine Liebste werdet in Ekstase sein.

Wenn ihr zusammenkommt, dann umarmt euch – Herz an Herz. Schmiegt eure Körper so aneinander, daß die Herzen einander berühren. Atmet, während ihr euch haltet, gemeinsam ein und aus. Stellt euch aufeinander ein. Das Ein- und Ausatmen entspannt das Innere Selbst; die Körper bewegen sich gemeinsam und bleiben doch ruhig dabei. Atmet ungefähr dreizehnmal bewußt gemeinsam ein und aus, dann haltet inne. Atmet wieder ganz normal. Dann atmet ihr wieder siebenmal gemeinsam Herz an Herz. Nehmt wahr, wie ihr euch fühlt. Ihr werdet sehen, daß ihr ein sanftes, gefühlvolles Feld geschaffen habt, in dem der Liebesfunke sich entzünden kann.

Diese gemeinsame Atmung kann, auch wenn sie nur kurz erfolgt, durch den Panzer, die Maske, die Angst schneiden. Es ist der schnellste Weg, einander wiederzuentdecken und den Lärm der Welt innerlich auszusperren.

Die meisten Liebesspiele, die ich bis jetzt in diesem Buch empfohlen habe, waren auf das Schlafzimmer begrenzt. Vielleicht seid ihr beide ja auch abenteuerlustig und habt eure Liebesspiele bereits auf alle Zimmer des Hauses ausgedehnt. Das Schlafzimmer ist warm und einladend, und ein Bett macht den Liebesakt süß und bequem, aber manchmal liebt es die Wilde Frau einfach, sich in anderen Teilen deines Heimes auszutoben. Mag sein, daß du in einem Haus mit vielen Zimmern lebst, mag sein in einer kleinen Wohnung. Doch für die Wilde Frau ist das kein Problem. Sie findet ihre körperlichen Freuden, wo immer du auch sein magst. Sei mutig und voll Begeisterung, und mach nach und nach in jedem Zimmer deines Hauses Liebe. Eine meiner Freundinnen erzählte mir, daß sie das Gefühl hatte, ihr Haus sei nicht gesegnet gewesen, bevor sie und ihr Mann sich nicht in jedem einzelnen Zimmer ihres Heimes geliebt hatten!

Verschiedene Zimmer regen auch zu verschiedenen Ideen für das Liebesspiel an. Doch erwarte jetzt keine Vorschläge von mir, wie du in welchem Zimmer den Liebesakt gestalten sollst. Du mußt selbst deine Kreativität spielen lassen. Die Möbel bei dir zu Hause werden dich zu ein paar äußerst interessanten Stellungen anregen. Deine Wilde Frau wird sich schon für jedes Zimmer etwas einfallen lassen. Im Badezimmer Liebe zu machen wird deine ganze Art, wie du diesen Raum am Morgen danach siehst, verändern!

Wenn dein Liebster/deine Liebste keinerlei Abenteuergeist besitzt, sei trickreich, um ihn oder sie in das andere Zimmer des Hauses zu locken. Sag: »Ach, Schätzchen, könntest du mir wohl kurz in der Küche mit dem Geschirr helfen?« und ihn oder sie nur mit einem Schürzchen bekleidet begrüßen. Du hast diese Begegnung im Liebesspiel gut geplant. Nachdem du ihn oder sie zu dir gelockt hast, entzücke deinen Liebsten/deine Liebste damit, daß du Honig auf seine oder ihre Lippen streichst, den du dann herunterküßt oder ableckst. In der Küche gibt es noch viele andere Leckerbissen, die du in dein Liebesspiel einbauen kannst.

Solosex

Es braucht dir nicht langweilig zu sein, wenn du allein zu Hause bist. Du kannst dir zum Beispiel ein Tarot legen und über so weitläufige Themen wie das Leben und den Tod und all das Gute inmitten meditieren. Du wirst feststellen, daß deine Lebenskraft und dein Sexualtrieb mit neuer Macht erstarken, wenn du dir Zeit zur Selbstbesinnung nimmst. Ich schuf einmal auf einem

schönen, dicken Teppich einen Kreis aus weißen Kerzen. In die Mitte legte ich einen großen Seidenschal zum Draufsetzen. Ich arrangierte alles wie auf einem Altar, nur diesmal war mein nackter Körper sein Zentrum. Du ahnst ja nicht, wie viele Tabus ich übertreten mußte, bis ich mich dazu in meinem Körper wohl genug fühlte. Mein Ritual war der Kali Ma, der Lebenskraft, gewidmet, also hatte ich etwas für jeden meiner fünf Sinne, um sie anzurufen. Datteln zum Knabbern, den Körper hatte ich mit Sandelholzöl eingerieben, Rasseln für das Gehör, den Tanz als Gebet. Ich verbrachte eine wundervolle Zeit, während ich mein Ritual der Lebenskraft darbot.

Sei beim Solosex ruhig abenteuerlustig. Weiter oben habe ich dich dazu ermutigt, dich mit deinem Partner/deiner Partnerin im ganzen Haus zu lieben. Ich erinnere dich jetzt wieder daran, daß es noch andere Zimmer im Haus zu erforschen gibt. Du bist also allein? Na und! Das sollte dich höchstens dazu ermutigen, dich selbst zu lieben. Stell dir zum Beispiel folgendes vor: Du bist mit dem Abendessen fertig und du spürst, wie deine Wilde Frau hervordrängt. Sie stupst dich in Richtung Küche, und du folgst ihr. Sie zeigt auf den Tiefkühler, und du öffnest ihr die Tür. Sie reicht dir einen Eiswürfel. Es ist heiß heute nacht, und du lutschst eine Weile an dem Eiswürfel. Das kühlt dich wohl ab, aber bloß einen Augenblick lang. Du läßt den Würfel deinen Nacken entlanggleiten, und deine Wilde Frau blinzelt dir zu. Das ist kalt und naß und sinnlich ...

Geh dieser Idee mal nach.

Sonntagabend

Liebe – Innen wie Außen

Die Energie am Sonntagabend

Ich hoffe, daß du diesen Tag im Freien verbracht hast und jetzt bereit bist, es dir bequem zu machen. Die Sonntage sind dazu gedacht, dich zu verjüngen und dich auf die kommende Woche vorzubereiten. Dein Geist sollte sich an diesem Tag klären. Während du alte Ärgernisse ausräumst, solltest du dich auch nicht vor denen verstecken, die du direkt vor Augen hast. Nimm dich heute dieser Themen an. Das kann etwas so Einfaches bedeuten, wie ein Mahl mit den Lebensmitteln aus deinem Kühlschrank zuzubereiten, die kurz vor dem Verderben sind. Oder es kann etwas Tiefergehendes sein, an dem du vorhattest zu arbeiten. Vielleicht ist auch ein Seminar oder eine spirituelle Erfahrung (wie beispielsweise eine Visionssuche) angesagt. Mach was aus deinem Leben und nutz deine Sonntage wirkungsvoll. Bring das, was du an diesem Tag für deinen Körper, deinen Verstand und deine Seele tust, auf das höchstmögliche Niveau.

Wenn dich der Sonntagabend bedrückt, weil du am Montag wieder zur Arbeit gehen mußt, wäre jetzt eine günstige Zeit, dir zu überlegen, ob du den richtigen Arbeitsplatz hast. Die Menschen sollten ihr Leben nicht mit einer Arbeit verschwenden, bei der sie sich immer mieser fühlen. Auf welche Arbeit würdest du dich montags freuen? Schreib deine Arbeitsziele, die du in den kommenden Monaten gern erreichen würdest, nieder. Sei realistisch, und bleib dir treu. Folg in deiner Arbeit deinem Herzen.

Was der Sonntagabend bedeutet

Was der Sonntagabend bedeutet, ist offensichtlich; er ist nach der Sonne benannt. Die Sonne regiert das Tageslicht, das Bewußtsein und die Außenwelt. Die Sonne ist ein Energieball, der sein schöpferisches Feuer nach außen projiziert. Auch wir müssen den Sonntag als schöpferischen Tag nutzen. Nichts kann im Sonnenlicht im verborgenen bleiben. Heute stehst du im Rampenlicht. Sogar in der Nacht, beim Mondenschein, kannst du dich nicht verstecken. Wenn du wegen irgend etwas unglücklich bist, dann lauf nicht weg! Heute ist der Tag, wo du dich stellen mußt. Wovor versteckst du dich? Der Mond wird oft als weibliche Kraft angesehen, während man die Sonne mit der männlichen Macht und Autorität verbindet. Das hat aber nicht immer so gegolten. Erinnere dich – in den Sagen, und vor allem in den nordeuropäischen Überlieferungen, wird die Sonne als Göttin dargestellt. Sie ist heiß und feurig und voll Energie. Sie segnet uns und die Erde mit ihrem Licht.

Die Göttin des Sonntagabends: Artemis

Die Tochter der Leto und des Zeus, *Artemis*, ist die Göttin der Natur, die Göttin der Jagd, der Wiesen und der Wälder. Und was steht der Natur näher als die Sexualität? Draußen bist du frei – du kannst dem Animalischen in dir folgen.

Artemis ist auch die Göttin aller wilden Tiere. Artemis sagt, daß es dir Glück bringt, in einer Bärenhöhle Liebe zu machen. Aber ich empfehle dir nicht, das auch in die Tat umzusetzen! Vielleicht ist deine Glückssträhne ja gerade zu Ende gegangen. Sei nicht allzu unvorsichtig, sogar wenn die Göttinnen über dich wachen: Du willst ja wohl nicht, daß sie glauben, du seist dämlich.

Artemis ist auch die Göttin von allen jungen Wesen menschlicher oder nichtmenschlicher Natur. Oft wird sie als Nährerin und Beschützerin jungen Lebens dargestellt. Indem sie ein Kitz säugt oder ein Baby hält, wird ihre weibliche Essenz betont. Wende dich als Mutter an Artemis, wenn du herumrätselst, wie du deine Kinder glücklich machen kannst. Artemis wird dir helfen, deinen Kleinen näherzukommen.

Die Atmosphäre am Sonntagabend

Kerzenlicht und Räucherwerk wirken berauschend und können die Stimmung in jedem Schlafzimmer verändern. Beide stimulieren Körper und Geist, und du kannst sie als Kraftquelle benutzen. Wähl jeden Sonntagabend eine andere Kerze aus. Diese Liste wird dir dabei helfen.

Anziehung	Gelb, Orange
Konzentration	Lila und Weiß
Austreiben	Schwarz und Grau
Glück	Blau und Orange
Segen	Weiß
Freundschaft	Blau, Lavendel
Einfluß	Braun und Rosa
Liebe	Rosa und Rot
Wohlstand	Rot oder Grün
Schutz	Schwarz (mit roter Mitte)

Du solltest deine Kerzen mit Öl salben und sie segnen, bevor du sie benutzt. Die folgende Liste wird dir helfen, dich zu entscheiden, welches Öl du verwenden sollst.

Bergamotte	Schutz und Geld
Zimt	Anziehung von Geliebten, Glück und Gesundheit
Muskat	Sexualität (für Liebeszauber zu gebrauchen)
Patschuli	Reinigung, Erdung, Erotik
Rosmarin	Schutz (wenn du streitest)

Es gibt noch viele andere Öle, die du wählen kannst. Experimentiere also mit verschiedenen Ölen, und erforsche ihre Bedeutung. (Siehe auch die Literaturangaben hinten im Buch, wo du mehr zu diesen Themen nachlesen kannst.)

Räucherwerk ist wichtig, weil es für die Luft steht, die wir atmen. Der Geruch des Räucherwerks schwängert die Luft mit bestimmten Emotionen und Gefühlen. Wenn du Räucherwerk verbrennst, reinigst du die Luft und sorgst für einen Duft, der deinen Geist klärt. Räucherwerk findest du in fast jedem Esoterik- oder Bioladen.

Experimentiere mit dem Räucherwerk. Verbrenn nicht so viel, daß es deinen Liebsten/deine Liebste in die Flucht schlägt. Der Geruch sollte nicht überwältigend sein, denn das wäre der Atmosphäre, die du schaffen willst, abträglich. Der Duft sollte das Zimmer unaufdringlich durchziehen und deine Sinne stimulieren.

Die Bach-Blütenessenz für den Sonntagabend: Oak

Bist du eine von der anpackenden Sorte? Besitzt du so viel Energie, daß du gar nicht recht weißt, wohin damit? Ich hoffe, daß du zumindest heute nicht an deine diversen Verpflichtungen denkst und deinen Sonntag dazu verwendest, Zeit im Grünen zu verbringen. Geh wandern und beobachte, wie die Tiere in ihrer natürlichen Umgebung spielen. Wenn du ein bißchen zusätzliche Stärke und Ausdauer brauchst – vielleicht ist es ja eine sehr lange Wanderung –, solltest du drei Tropfen *Oak* dreimal täglich zu dir nehmen. Oak wird dir nicht nur den Mut verleihen, dich auf Pfade zu begeben, die du noch nie beschritten hast, sondern dir auch dabei helfen, ab und zu stehenzubleiben und einfach an einer Rose zu schnuppern. Du wirst dir verspielt vorkommen und neue Freude am Leben finden.

Das Bad am Sonntagabend: Orange oder Neroli

Nimm nach einem langen Tag im Sonnenschein – und während du noch an Mittel und Wege denkst, wie du dein Leben mit mehr Freude erfüllen kannst – ein Bad in orangefarbenem Wasser, und sieh zu, ob dich das nicht inspiriert. In orangefarbenem Wasser zu baden ist wie in flüssigem Sonnenschein zu sitzen; nur brauchst du dir keine Sorgen wegen eines drohenden Sonnenbrandes zu machen. Dieses Bad regt die Lebenskraft, die Gesundheit und den Elan in dir an. Der wichtigste Bestandteil der Orange ist ein süßes, sinnliches, strahlendes Öl. Es wird dir helfen, daß du dich erfrischt und mit neuer Kraft erfüllt fühlst.

Wenn du niedergeschlagen bist, weil du morgen zur Arbeit mußt, wird dich das Orangenölbad mit Vorfreude auf die kommende Woche erfüllen – du wirst all das Positive, das möglich ist, sehen. Orangenöl hat überdies ein exquisites Aroma, das dich sicherlich erfreuen wird.

Orangenöl besitzt auch eine beruhigende Wirkung auf die Haut; es macht trockene Haut weicher, und es regt die Durchblutung an.

Du kannst auch Neroliöl probieren; es ist ein Auszug aus den Blüten des Bitterorangenbaumes. Das Öl ist sehr teuer. Man braucht ungefähr eintausend Pfund Bitterorangenblüten, um ein Pfund Öl daraus zu gewinnen. Du solltest also acht geben, daß du nichts verschüttest. Neroli mischt sich gut mit Lavendel, Zitrone und Jasmin. Wenn du es im Bad verwendest, wird Neroli dir helfen, dich zu beruhigen und geistig und seelisch stärker zu werden. Es wird jegliche Art von Depression, Furcht oder Angst, die du vielleicht hast, mindern. Wenn du dich hoffnungslos fühlst, bade in Neroli.

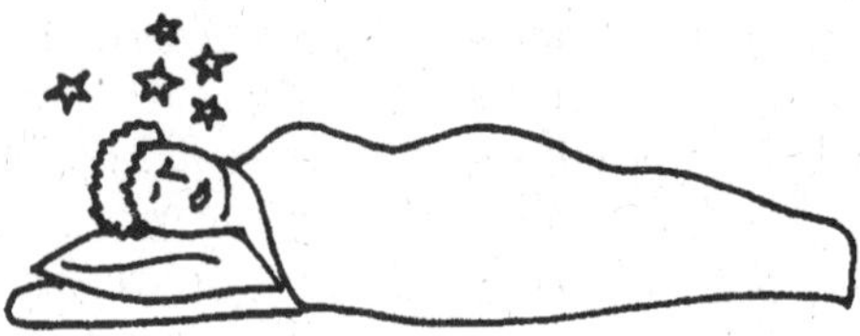

Visionäres Träumen

Viele Kulturen haben abseits vom Getriebe heilige Plätze geschaffen, an denen die Menschen ihre wichtigste innere Arbeit leisten, Orte, wo die sterbliche Seele dem Göttlichen begegnen kann. Die nordamerikanischen Indianer erbitten bedeutsame Träume, damit sie ihren wahren Namen, eine Vision oder sich selbst finden. Die modernen Europäer und Amerikaner lehrt man, dieses reiche Innenleben zu unterdrücken oder solche Visionen schlicht als Wunschträume anzusehen. Bevor die Zivilisation sie überflutete, waren Träume jedoch für sie mindestens ebenso wichtig, wie sie es noch heute in den Kulturen indianischer Völker sind. In meinem Land, in Ungarn, hält man die ganze Nacht lang zur Heilung Wache in Obsthainen voll blühender Apfelbäume. Die Frauen sammeln sich, bringen Essen, Wein und Decken mit, und dann träumen sie unter den Bäumen. In diesen Träumen sehen sie oft die Göttin, die *Kis Boldogasszony* (kleine frohe Frau), die den Träumerinnen körperliche, seelische und spirituelle Heilung zuteil werden läßt. In den Vereinigten Staaten befinden sich die heiligen Plätze meist in den Nationalparks oder auf Berggipfeln, wo die Natur unberührt ist.

Du kannst zwar diese Plätze für einen Heiltraum aufsuchen, aber auch deine Wohnung ist heilig, vor allem wenn du einen Altar für die Göttin und Blumen oder lebende Pflanzen besitzt und gebetet hast, um den Raum zu reinigen. Leg dich in dein Bett auf reine Laken, wähl einen heiligen Schal aus (dunkelblau ist die traditionelle Farbe) und schling ihn dir leicht (ohne Knoten!) um den Hals und deine linke Hand. Dieser besondere Schal, dein Traumschal, wird ein Signal an dein Gehirn übermitteln, daß deine Träume jetzt unter dem Schutz eines Rituals stehen. Das wird es dir leichter machen, dich an deine Träume zu erinnern. Vergewissere dich auch, daß dein Traumtagebuch in der Nähe liegt, denn du wirst deine heiligen Träume nach dem Aufwachen nicht sehr lange im Gedächtnis behalten. Atme nun einfach tief ein und aus, und laß los. Laß los, und laß alles zu. Nimm alles, was kommt, völlig an. Segne dich mit deinem letzten Gedanken selbst und schlummere dann ein.

Schreib am Morgen, sofort wenn du aufwachst, in jedem Fall irgend etwas auf, auch dann, wenn du dich an keinen Traum erinnern kannst. Wenn du das einige Male tust, wird sich dir der verborgene Traum enthüllen. Sogar unsere Vorfahren mußten etwa eine Woche lang an den heiligen Plätzen verweilen, bevor sich etwas tat. Bewahr deinen Traumschal tagsüber auf deinem Altar auf.

Zweckzauber, Segenszauber und Zauber für einen erholsamen Schlaf

1. Ein Zauber für einen bestimmten Zweck

Schreib auf ein Blatt Papier, was du begehrst. Dein Begehren zu kennen ist sehr wichtig, weil es das Begehren ist, das die Energie erzeugt, daß sich etwas tatsächlich verwirklichen kann. Aber du mußt dir darüber klar werden, was du brauchst und warum. Sogar dann, wenn du nicht genau verstehst, was es eigentlich ist, wirst du trotzdem genau das kriegen, worum du gebeten hast – und das wird dir möglicherweise gar nicht gefallen.

Halte deine Bitte kurz: »Ich will, daß meine Liebste sich mir gegenüber erklärt!« Oder: »Ich wünsche mir einen neuen Geliebten!« Vergewissere dich, daß das, was du willst, wirklich ein ganz starkes Begehren ist. Manche unter euch schreiben vielleicht: »Ich will Klarheit!« Oder: »Ich wünsche mir inneren Frieden!«

Die Hexenkunst war ursprünglich Teil der Kultur der armen Leute, weswegen die Zauber meist eher alltägliche Dinge betreffen. Aber du kannst diese Techniken genauso für spirituelles Wachstum benutzen.

Leg sieben Blätter von der heiligen Eberesche auf ein Blatt Papier. Falte das Papier zu dir hin. Sprich jedesmal, wenn du es faltest:

Von Osten her erheben sich die Winde des Glücks,
von Süden her heben meine Lieder an,
von Westen her, erheben meine Wünsche sich,
von Norden her werden meine Träume Wirklichkeit!

Falte das Papier ganz klein zusammen und verschnüre es mit einem roten Bändchen. Leg es unter dein Kopfkissen. Wenn du noch ein paar Eschenblätter hast, dann verbrenn jede Nacht, bevor du ins Bett gehst, ein paar. Schlaf sieben Nächte lang auf dem Papier, dann wirf es in ein lebendes Gewässer. Dreh dich nicht um, und blick nicht zurück. Innerhalb einer Mondphase werden deine Wünsche beginnen, sich zu verwirklichen.

2. Dein Schlafzimmer segnen

Dein Schlafzimmer ist nicht ganz so, wie du es gerne hättest, und du hoffst, daß die Göttin dir schon helfen wird, die Dinge halbwegs in Ordnung zu halten. Besorg dir etwas Angelika (ein Kraut). Verstreu ein paar Blätter in jeder Ecke deines Schlafzimmers und bete dabei leise um das, was du willst – schöne Träume, Harmonie, gute Geliebte. Zur Großen Mutter zu beten ist genauso, als ob du mit deiner eigenen süßen Mutter sprächest – es bedarf keiner Formalitäten.

Entzünde ein wenig Räucherwerk deiner Wahl, und umkreise das Zimmer dreimal gegen den Uhrzeigersinn. Bete ganz freimütig: »Mutter, ich kehre meine schlechten Angewohnheiten um; ich kehre meine Ignoranz um; ich kehre (setze das ein, was, wie du nur zu gut weißt, geändert werden muß) um; ich kehre es um und mache es gut.« Umkreise nun das Zimmer dreimal im Uhrzeigersinn und sprich: »Ich rufe die Engel der starken

Gesundheit, der guten Gefühle, des Wissens und der Liebe herbei!« Öffne deine Fenster und laß die frische Luft deine Segenswünsche mit sich tragen – hinauf in den Kosmos.

3. Eine gestörte Nachtruhe beheben

Es gibt keinen guten Grund, dich länger im Schlafzimmer aufzuhalten, außer tief zu schlafen oder dich auszuruhen. Zuviel Zeit im Bett zu verbringen und dabei fernzusehen oder zu lesen kann es uns ungemein erschweren, einzuschlafen oder unserer Leidenschaft zu frönen. Viele unter uns werden dann psychisch so überdreht, daß nicht einmal Schlafmittel sie ruhigstellen können. Wenn du an diesem Problem leidest, kurierst du dich damit, daß du lernst, dich zu entspannen. Ruf dir vor deinem geistigen Auge das Bild eines ruhigen Friedhofs ins Gedächtnis, wo alles vollendet ist, wo alle ausgesorgt und mit allen Hindernissen ihren Frieden gemacht haben, wo alle gestorben sind – und die Welt sich trotzdem weiterdreht. Dich daran zu erinnern, daß das, was wir zwischen der Geburt und dem Tod tun, auf längere Sicht gesehen von keiner sonderlich großen Bedeutung ist, kann dich von täglichen Ängsten befreien. Wir alle wollen auf der Welt unsere Spuren hinterlassen, aber was bedeutet das wirklich? Werden wir Gedankenformen hinterlassen, von denen andere profitieren werden? Werden wir Überlieferungen hinterlassen, die eine Bereicherung für das Leben der Nachkommen sein werden? Letzten Endes hinterläßt jeder seine Spuren einfach dadurch, daß er auf der Welt ist. Deine Energie, wie auch die all der anderen, ist Teil des Großen Ganzen; ob sie pulsiert oder aufhört zu pulsieren, ist von großer Wichtigkeit.

Um einen erholsamen Schlaf zu fördern, sagen die Hexen, mußt du das Kräutlein Euphrasia (Beifuß) finden. Nimm es, um einen Tee zuzubereiten – ganz besinnlich –, und trink ihn schluckweise, bevor du zu Bett gehst. Verbinde ihn mit deinen Gebeten. Dieses Kraut sorgt auch für gute Träume und heilkräftige Visionen. Andere Tees, die ebenfalls einen erholsamen Schlaf fördern, sind Hopfen, Helmkraut und Kamille.

Bettgeflüster

Flüstere deinem oder deiner Liebsten etwas ins Ohr, während ihr zusammengekuschelt unter einem Baum oder in einer Wiese an einem Bach liegt. Teil des Bettgeflüsters am Sonntag sollte auch sein, wie du dich als Teil der Natur fühlst. Erzähl deinem oder deiner Liebsten etwas über ein Ereignis, bei dem dir in der Natur schlichtweg die Luft weggeblieben ist – einer pittoresken Aussicht wegen oder weil du einen Blick auf ein wildes Tier werfen konntest. Oder du und dein Liebster/deine Liebste könntet vielleicht auch Erinnerungen über ein Erlebnis austauschen, als ihr euch in der Natur geliebt habt.

Sonntagmorgen: Liebe bei Tageslicht

Wir haben über viele Arten, Liebe zu machen, geredet, aber immer unter der Annahme, das Ganze findet in der Nacht statt, nachdem ihr euch in euer Schlafzimmer zurückgezogen habt. Der Sonntagmorgen bietet dir eine Gelegenheit, es anders zu machen. Mit dem Samstag hattest du einen Tag, um dich von der Woche davor zu entspannen, und du brauchst dich nicht vor dem morgigen Tag mit den Angelegenheiten der Arbeitswelt herumzuschlagen. Am Sonntagmorgen kannst du lange schlafen. Wach gemeinsam mit deinem oder deiner Liebsten auf und laß dir ganz viel Zeit, um seinen/ihren

Körper zu erforschen. Laß dich vom Liebemachen ins Träumen, in den Halbschlummer und wieder ins Liebemachen gleiten.

Es mag sein, daß der Sonntagmorgen die einzige Zeit während der ganzen Woche ist, wo du dich dem Liebesspiel völlig entspannt widmen kannst, vielleicht noch ein paar blasse Erinnerungen an Träume mit dir bringst, aber keinen Streß und keine Sorgen. Alle anderen schlafen auch länger. Das ist der einzige Morgen, wo du wahrscheinlich nicht durch ein klingelndes Telefon gestört wirst. Mach das Beste daraus! Ergreif diese Gelegenheit dazu, bei Tageslicht Liebe zu machen.

Es braucht vielleicht einigen Mut. Manche unter euch haben vielleicht mit Schamgefühlen zu kämpfen – kaum jemand findet seinen Körper perfekt. Kerzenlicht schmeichelt, und die Dunkelheit verhüllt gnädig etliche Mängel. Im Tageslicht ist alles sichtbar. Im Tageslicht Liebe zu machen, kann ein richtiger Test für ein Liebespaar sein, das sich bisher einer Illusion hingegeben hat. In der Bibel wurde es »jemanden erkennen« genannt, wenn zwei miteinander Sex hatten – und es war ein guter Ausdruck dafür. In der Lage zu sein, klar zu sehen, was du tust, bedeutet, daß du erkennst und erkannt wirst. Der Sex tagsüber ist noch ein weiterer Schritt dazu, die letzten Barrieren zu überwinden, damit du und dein Liebster/deine Liebste wahrlich vereint sein könnt.

Also versuch nicht andauernd, krampfhaft dieses Laken über deine Hüften zu zerren, nur weil du denkst, sie seien zu dick, oder du meinst, dein Bauch könnte flacher sein. Betrachte den Körper deines oder deiner Liebsten ohne Furcht, und laß deinen Liebsten/deine Liebste dich ansehen. Denk dran – diese Hände und dieser Körper haben dich zur Ekstase gebracht. Mittlerweile solltest du genügend Beweismittel dafür gesammelt haben, daß auch du bewirken kannst, daß dein Liebster/deine Liebste sich wundervoll fühlt. Selbst wenn du denkst, daß dein Körper nicht perfekt ist – er hat's geschafft. Wenn du verliebt bist, wirken sogar die körperlichen Mängel deines oder deiner Liebsten anregend und sinnlich – besieh sie dir und genieß sie. Und meide deinen Liebsten/deine Liebste nicht, wenn er oder sie dich verehrt.

Sonntag ist der Tag, den du in der Sonne verbringen sollst, und du kannst bei Tageslicht in deinem Schlafzimmer Liebe machen, oder ihr könnt euch in der Natur lieben. Ihr könntet euch hinten in eurem Garten lieben oder an einem abgelegenen Strand oder tief drinnen im Wald – also überall, wo ihr beide euch sicher fühlt und nicht entdeckt werden könnt. Die Natur sorgt für ein wunderbares, wenn auch nicht immer bequemes Bett. (Zweige und Sand können manchmal ziemlich lästig sein.) Nimm dir eine weiche, vertraute Decke mit, und schaff ein Liebesnest für dich und deinen Partner/deine Partnerin. Wenn ihr wißt, daß ihr nicht gestört werden könnt, dann zieht euch ganz aus. Wie fühlt sich die Sonne auf deinem nackten Körper an? (Vergiß nicht, Sonnencreme zu verwenden!) Ist das eine neue Erfahrung für dich? Ist das nicht wunderbar? Spür die Erde unter dir. Du wirst dich mit der Erde und mit deinem oder deiner Liebsten verbinden wie noch nie zuvor.

Solosex

Ebenso wie ich ein Paar dazu ermutige, in den Wald zu fahren und ein Liebesnest zu bauen, ermutige ich dich dazu, dasselbe allein zu tun. Wenn du dich danach fühlst, eine anstrengende Wanderung zu unternehmen, such dir einen Berg und besteig ihn; ansonsten such dir einen wunderschönen Naturpark und geh spazieren. Sei dir deiner Umgebung bewußt. Berühr die Bäume und sprich mit den Vögeln. Geh, bis du ein ruhiges Feld oder eine sonnige Lichtung an einem Gewässer findest. Es ist wichtig, daß du allein bist und dich dabei wohl fühlst. Du mußt dich nicht ausziehen, um dich selbst zu befriedigen, aber wenn du dich sicher fühlst und du die Sonne gern auf deinem Körper spüren würdest, dann tu es. Erfreu dich daran. Setz dich hin und komm mit deiner Umgebung in Berührung: Tauch deine Füße ins Wasser; laß deine Finger durchs Gras gleiten; riech den Duft der wildwachsenden Blumen. Entspann dich, und nimm einige tiefe Atemzüge. Wenn du dich nach Sex fühlst, dann nimm dir Zeit und mach mit dir selbst Liebe. Hör auf deinen Atem und deinen Herzschlag und das Pulsieren deines Blutes. Hör, wie die Bienen summen, der Wind durch das Gras streicht und das Wasser im Fluß dahinströmt. Du bist ein Teil dieser natürlichen Welt.

Bettgeschichte: Die Mutter der Sonne

Es war einmal, da lebte noch weiter als siebenundvierzig Länder entfernt ein Kaufmann mit seiner Frau. Sie hatten keine Kinder. Eines Tages geschah es, daß ihm seine Waren ausgingen, also rief er seine Frau und sagte: »Mein Schatz, ich werde in die Stadt fahren, um ein paar Dinge zu kaufen.« Damit machte sich der Kaufmann auf den Weg, und er reiste und reiste immer weiter und weiter, bis er nicht mehr weiterreisen konnte. Ungefähr zu dieser Zeit ging die Sonne unter, und der Kaufmann mußte sich eine Unterkunft suchen. Er klopfte an die Tür eines ärmlich, aber sauber aussehenden Hauses. Ein Mann öffnete die Tür, und der Kaufmann fragte, ob er über Nacht bleiben dürfe. Der Mann sagte: »Ich kann dir ein Bett für heute nacht geben, aber es gibt ein Problem. Meine Frau hat gerade ihr siebtes Kind geboren, aber die Kleine ist nicht sehr ruhig. Sie weint viel.«

Der Kaufmann sagte, daß das nichts mache; der Lärm von Kindern störe ihn nicht. Und so verbrachte er die Nacht dort.

Am nächsten Morgen dankte er dem Mann für seine Gastfreundschaft und machte sich auf den Weg in die Stadt. Als er in der Stadt angekommen war, war es Mittag, und er kaufte Kleidung, Nahrung und alle möglichen Dinge ein, mit denen er Handel treiben wollte. Auf seinem Heimweg machte er wieder bei dem Haus des Mannes, der die Nacht zuvor so gastfreundlich gewesen war, halt. Als er nach dem Baby, das erst gestern geboren worden war, fragte, sagte man ihm, daß es bereits zu einem kleinen Mädchen herangewachsen sei. Er war sehr erstaunt, aber ihm kam der Gedanke, daß ein Kind, das so rasch wuchs, vielleicht nützlich sein könnte. Er fragte den Mann, zu welchem Preis er das Kind verkaufen würde.

»Ich will überhaupt kein Geld!« sagte der arme Mann. »Du kannst es haben, wenn du es willst. Ich habe noch genügend andere Kinder, und alles, was ich für sie tun kann, ist, ihnen Nahrung und Kleidung zu geben.«

So schlossen der Kaufmann und der Mann den Handel ab, und der Kaufmann machte sich gemeinsam mit dem Kind auf den Weg nach Hause. Seine Frau nahm das kleine Mädchen an und freute sich bereits darauf, ihm eine Mutter zu sein, aber binnen einer Woche war das Mädchen zu einer jungen Frau herangewachsen, und der Kaufmann gab ihr Arbeit in seinem Laden. Sie war eine sehr gute Geschäftsfrau, und bald war ihr Geschäftssinn im ganzen Land bekannt.

Der Kaufmann wurde eifersüchtig. Er sprach zu seiner Frau: »Mein Schatz, sieh dir nur unsere Adoptivtochter an! Sie ist besser im Geschäft als ich, und ich habe Angst, daß sie mich bald übervorteilen wird. Ich werde sie an einen Ort schicken, von dem sie nie wieder zurückkehrt.« Er rief die junge Frau herein und sagte: »Hör mir zu, mein kleines Mädchen. Da gibt es etwas, was du für mich tun mußt.«

»Liebend gern«, sagte die Tochter, »du weißt, daß ich alles, was ich für dich tun kann, tun werde.«

»Nun, es ist so«, fuhr er fort, »daß ich an einer seltenen Krankheit leide, und damit sie geheilt werden kann, wirst du zur Sonne gehen müssen. Pflück zwei Gänsefedern von ihrem Federnumhang und bring sie mir. Diese Federn haben allein die Macht, mein Leben zu retten.«

»Mein teuerster Vater«, sagte sie, »ich hatte keine Ahnung, daß du krank bist! Mach dir keine Sorgen. Sogar wenn es mein Leben kostet – ich werde dir diese Gänsefedern von der Sonne bringen.«

Die Tochter nahm Abschied von ihren Eltern und machte sich auf den Weg, ihr Glück zu versuchen. Sie wanderte und wanderte, und sie wanderte so weit, bis es keinen Weg mehr gab. Da kam sie zu einem großen Gewässer. Es war so riesig, daß kein Ende abzusehen war. Sie ging am Ufer entlang, um zu sehen, wer dort wohl lebte, und was sie sah, war ein Soldat.

»Was tust du hier, Soldat?« fragte sie ihn.

»Ich stehe hier seit Beginn der Welt«, antwortete der Soldat, »aber was ist mit dir, wohin gehst du?«

»Ich werde die Sonne besuchen, um sie um Gänsefedern zu bitten.«

»Nun, wenn du die Sonne siehst, dann frage sie doch, wann ich meinen Posten endlich verlassen kann«, bat der Soldat.

Die junge Frau nickte und setzte ihren Weg fort. Sie wanderte und wanderte, bis sie einfach nicht mehr hätte weiterwandern können. Da kam sie zu einem prachtvollen Schloß, und in diesem Schloß lebten drei junge Prinzessinnen, die in tiefer Trauer waren. Alle drei waren ganz schwarz gekleidet und weinten ohne Unterlaß.

»Hallo, ihr jungen Prinzessinnen«, sagte die junge Frau.

»Wir wünschen dir einen guten Tag, junge Frau«, antworteten sie, »was tust du hier, wohin seit zweiundzwanzig Jahren keiner mehr seinen Fuß gesetzt hat?«

»Ich bin auf dem Weg zur Sonne«, antwortete sie.

»Ach, würdest du dann so freundlich sein und die Sonne fragen, warum wir trauern«, sagten sie.

Sie versprach, das zu tun und setzte ihren Weg fort. Wiederum wanderte die junge Frau und wanderte und wanderte, so weit sie konnte. Da kam sie auf eine große Wiese, und in der Mitte dieser Wiese stand ein wunderschöner weißer Hirsch. Dieser Hirsch hatte ein strahlendes Geweih, das in den Himmel ragte, und das Horn glänzte so sehr, als wäre es aus poliertem Gold.

Die junge Frau wunderte sich sehr und blieb stehen.

»Ein Tier wie dich habe ich noch nie gesehen! Warum stehst du inmitten dieser Wiese?« fragte sie.

»Ich bin für diejenigen da, die die Sonne besuchen wollen. Mit meinem Geweih helfe ich ihnen hinauf.«

»Bitte hilf auch mir«, sagte die Frau, »denn das ist es, wohin ich gehen muß.«

»Seit vielen Jahren bist du die erste, die das wünscht. Wenn du die Sonne siehst, so frage sie bitte, warum ich genau in dieser Wiese stehen muß.«

»Das werde ich tun«, versprach sie.

Dann kletterte die junge Frau das Geweih des Hirsches hinauf, und sie kletterte immerzu, immer höher und höher, bis sie zu einem glänzenden goldenen Haus kam. Sie klopfte an die Tür. Drinnen war eine Greisin mit strohfarbenem Haar, das so lang und dick war, daß es quer im Zimmer lag. Sie mußte es hinter sich herziehen.

»Guten Abend!« sagte die junge Frau.

»Auch dir einen guten Abend, meine Liebe, aber was machst du denn so weit oben, wo nicht einmal die Vögel mehr hinfliegen?«

»Liebes Mütterlein, ich habe ein großes Problem. Ich muß die Sonne besuchen.«

»Nun, du bist an den richtigen Ort gekommen, denn die Sonne lebt hier. Aber sie ist noch nicht zu Hause.«

»Und wer bist du?«

»Ich bin die Mutter der Sonne«, antwortete die alte Frau.

»Das ist großartig. Könnte ich einfach Platz nehmen und hier auf sie warten?«

»Ja, das kannst du. Aber für Menschen ist es schwierig, in der rechten Weise mit ihr zu sprechen. Warum sagst du mir nicht, was du brauchst, und ich kann sie dann in einer Art und Weise, die sie versteht, darum bitten.«

»Nun gut«, sagte die junge Frau, »hier sind die Fragen, derentwegen ich hergekommen bin. Zunächst gibt es da einen Soldaten, der neben einem großen See seit Anbeginn der Zeit Wache steht. Er will wissen, wann er seinen Posten verlassen kann. Zum zweiten gibt es da drei trauernde Prinzessinnen in einem prachtvollen Schloß. Sie wollen wissen, was die Ursache ihres Kummers ist. Und drittens gibt es da eine große Wiese, in deren Mitte ein weißer Hirsch mit goldenem Geweih steht. Er will wissen, warum er genau auf diesem Fleck stehen muß.«

»Ich werde die Sonne diese Dinge fragen«, sagte die alte Frau. »Hast du noch etwas auf dem Herzen?«

»Ja, ich selbst bin hergekommen, um die Sonne um zwei Gänsefedern, die meinen Vater heilen sollen, zu bitten.«

»Ich werde sie auch das fragen. Aber nun solltest du etwas essen und trinken und dich ausruhen. Ich werde mich um alles kümmern.«

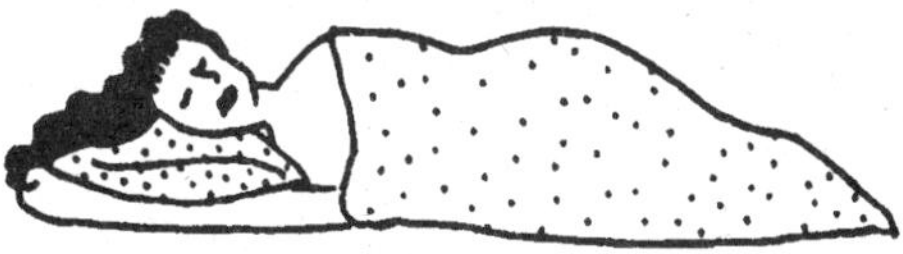

Die alte Frau war schon fast eingeschlafen, als sie endlich die Sonne ankommen hörte, und die goldenen Federn ihres Umhangs klingelten wie Glöckchen.

»Was hat dich denn so lange aufgehalten?« fragte die Mutter.

»Ich habe mich verspätet, weil da eine Frau im verschneiten Wald war, die zu mir betete, daß ich ein bißchen länger scheinen möge, damit sie den Weg nach Hause finden kann. Also tat ich es.«

»Du hast wohl getan«, sagte die alte Mutter der Sonne und lobte sie. »Man muß den Leuten helfen.«

Die Sonne wusch sich und setzte sich dann zum Essen hin. Nach einer Weile sprach die alte Mutter wieder.

»Meine Liebe, weißt du von dem Soldaten, der seit undenklichen Zeiten einen großen See bewacht? Warum ist das so? Kann er jemals wieder nach Hause?«

»O ja, ich weiß über ihn Bescheid. Das Problem ist, daß der Soldat ein Trottel ist. Er hält schon seit vielen Jahren einen magischen Zaum in seinen Händen. Wenn er jemanden damit schlagen würde, könnte er einfach wegmarschieren, und der Getroffene müßte seinen Platz einnehmen.«

Das schrieb die alte Mutter nieder. Ein Weilchen später sagte sie: »Da gibt es drei Prinzessinnen in einem Schloß. Warum sind sie denn in so tiefer Trauer?«

»Ach, die«, gab die Sonne zur Antwort, »diese Prinzessinnen bringen am Morgen ihren Mist hinaus und werfen ihn mir mitten in mein aufgehendes Gesicht. Ich hasse das und kann nicht anders, als sie mit einem Fluch zu belegen. Wenn sie nur ihren Mist auf der Westseite des Hauses hinauswerfen würden, wären sie meines Fluches enthoben, und sie könnten alle wieder froh sein.«

Die alte Frau schrieb auch das nieder. »Und der weiße Hirsch mit dem goldenen Geweih. Warum steht er auf der Wiese?«

»Das ist seine Strafe. Da war einmal ein blinder Müller, dem kochte seine Frau eine Mahlzeit, aber der Hirsch ging hinein und fraß alles auf. Er wird niemals erlöst werden.«

Am Morgen nahm sie, bevor die Sonne aufwachte, zwei Federn von ihrem schimmernden Umhang und versteckte sie an einem sicheren Ort. Als die Sonne aufstand und sich auf den Weg machte, kam die junge Frau, um die alte Mutter zu sprechen.

»Altes Mütterlein, warst du erfolgreich?«

»Natürlich«, sagte sie, und dann erzählte sie ihr, was sie erfahren hatte und gab ihr die zwei Federn der Sonne.

»Vielen Dank! Nun kann ich zu meinem Vater nach Hause zurückkehren und sein Leben retten.«

Sie kletterte das Geweih des weißen Hirsches hinab. Als sie wieder auf festem Boden stand, fragte sie der Hirsch, ob sie irgend etwas von der Sonne erfahren habe.

»Warte, bis ich wieder bei Atem bin, dann werde ich es dir sagen.« Sie entfernte sich ein Stückchen von ihm und rief ihm dann zu: »Solange du lebst, wirst du niemals diese Wiese verlassen, weil du das Mahl des blinden Müllers gestohlen hast. Das ist deine Strafe!«

»Oh«, sagte der Hirsch voll Zorn, »wenn ich das gewußt hätte, hätte ich dich zu Tode getrampelt.«

Die junge Frau ging zurück zum Schloß der Prinzessinnen. Auch sie wollten die Neuigkeiten von der Sonne hören.

»Ihr müßt euren Mist vom Osten in den Westen schaffen«, sagte sie, »und werft ihn nicht ins Antlitz der aufgehenden Sonne!«

Die drei Prinzessinnen sammelten den Mist im Osten ein und schleppten ihn in den Westen. Sofort hörten sie auf zu weinen. Sie gaben der jungen Frau einen großen Sack voll goldener Münzen, bevor sie ging. Mittlerweile tauchten vor dem Schloß Besucher und Freier auf. Alle drei Prinzessinnen heirateten hübsche junge Prinzen.

Die Frau wanderte zu dem Soldaten zurück, der schon sehr begierig darauf war zu hören, was sie wohl sagen würde.

»Warte nur einen kleinen Moment!« sagte sie und ging von ihm weg, bis sie weiter entfernt war, als er werfen konnte. Dann rief sie: »Mit dem Zaum, den du hältst, mußt du die nächste Person, die vorbeikommt, schlagen. Dann bist du frei zu gehen.«

Der Soldat schlug mit dem Zaum nach ihr, aber sie war schon in Sicherheit.

Endlich gelangte die junge Frau nach Hause. Als ihr Vater das Gold sah und die glänzenden Gänsefedern, wurde er noch eifersüchtiger als zuvor.

»Wo hast du all das Gold her?« fragte er. »Hast du es gestohlen?«

»Nein, wo denkst du hin!« sagte sie, und sie erzählte ihm von der Großzügigkeit der Prinzessinnen, die auf dem Weg zum Land der Sonne lebten. Der Kaufmann beschloß, selbst die gleiche Reise zu unternehmen. Er wollte etwas von diesem Gold. Er reiste bis dorthin, wo der Soldat stand, ging zu ihm hin und fragte: »Was machst du denn hier, Soldat, warum stehst du am Wasser?«

In diesem Moment schlug der Soldat mit dem Zaum nach ihm und befreite sich endlich selbst. Nun ist es der dumme Kaufmann, der in alle Ewigkeit neben dem großen See stehen muß.

Die junge Frau baute ein wunderbares Schloß für sich selbst, bezahlte es mit ihrem Gold und fand einige Zeit später einen treuen Gefährten, mit dem sie ihr Leben teilte.

Es war nicht schwer.

Ich weiß es, weil ich bei ihrer Hochzeit war, mit der Braut und dem Bräutigam tanzte und blieb, bis ihnen das Bier ausging.

Nach einem ungarischen Märchen von Raduly Janos,
A naphoz jaro ugyes fiu, in einer Sammlung von Villam Patko
(Ion Creanga Konyvkiado, 1989.)

Literatur und Bezugsquellen

Lies die folgenden Bücher, damit du mehr über die Bach-Blütenessenzen lernst:

Bach-Blütentherapie von Mechthild Scheffer, 21. Aufl., Hugendubel Verlag, München 1994.

Erfahrungen mit der Bach-Blütentherapie von Mechthild Scheffer, Hugendubel Verlag, München 1994.

Die praktische Anwendung der Original Bach-Blütentherapie von Mechthild Scheffer, Goldmann Verlag, München 1993.

Bach-Blütentherapie für Frauen von Judy Howard, Aurum Verlag, Braunschweig 1994.

Die Bachblüten – Fragen und Antworten von Judy Howard und John Ramsell, 2. Aufl., Hugendubel Verlag, München 1992.

Lies die folgenden Bücher, um dir noch viele andere Ideen zum Zaubern zu holen:

Die Göttin im Büro von Zsuzsanna E. Budapest, Goldmann Verlag, München 1994.

Herrin der Dunkelheit – Königin des Lichts von Zsuzsanna E. Budapest, 2. Aufl., Bauer Verlag, Freiburg 1994.

The Grandmother of Time von Zsuzsanna E. Budapest, Harper, San Francisco 1989.

Mond-Magie von Zsuzsanna E. Budapest, Goldmann Verlag, München 1993

Okkulte Waren kannst du schriftlich bestellen über:

House of Hermatics
2146 W. Colorado Blvd.
Los Angeles, CA 90041
USA

Wenn du gute Zeitschriften lesen willst, schreib an:

The Beltane Papers
P. O. Box 8
Clear Lake, WA 98235
USA

Sage Woman
P. O. Box 641
Point Arena, CA 95468
USA

Die Mondphasen kannst du in Mondkalendern nachschlagen. Einen internationalen Mondkalender kannst du (auch in deutscher Sprache) beziehen über:

We Moon
c/o Rosemarie Merkel
Richterstraße 27
D-38106 Braunschweig

Wenn du Informationen über okkulte Waren und Gegenstände willst, schreib an:

The Women's Spirituality Forum
P. O. Box 11363
Oakland, CA 94611
USA

Eine Bestell-Liste kannst du bei obiger Adresse mit einem international frankierten Rückumschlag plus 1 US-Dollar anfordern.

Das *Witch Kit* (Hexenköfferchen), das auch ein kleines Infopaket enthält, das die häufigsten Fragen über die Hexenkraft beantwortet, erhältst du für 3 US-Dollar.

Das Women's Spirituality Forum organisiert darüber hinaus alle zwei Jahre das *International Goddess Festival* (Internationales Göttinnen-Festival). Schreib uns, damit wir dich in unseren Verteiler aufnehmen können. Das Video *Gathering the Goddess* (Die Göttin sammeln) thematisiert auf entsprechende Weise wie die gegenwärtige Göttinnenbewegung das Leben der heutigen Frauen beeinflußt. Wenn du mehr darüber wissen willst, schreib uns.

Übersetzung der beiden oben angeführten Listen beziehungsweise des *Witch Kit* durch die Übersetzerin ist geplant. Für Anfragen bezüglich des deutschsprachigen Raumes wende dich an:

Angelica Dawson
Außerwiesenbach 14
A-3161 St. Veit/Gölsen

Über die Autorin

Ich wurde am 30. Januar 1940 in Budapest geboren. Meine Mutter Masika war eine berühmte Bildhauerin, die große und kleine Göttinnenstatuen schuf. Sie war außerdem eine Sensitive, Folkloristin und Märchenerzählerin.

Ich wuchs in einem Ein-Zimmerhaushalt auf. Wir lebten dort zu viert: mein Vater, er war Arzt, meine Mutter und mein kleiner Bruder, der geboren wurde, als ich dreizehn war. Das war die Realität im Nachkriegseuropa; da die Stadt zerstört war, gab es nicht genügend Wohnraum, um großzügiger zu leben.

Nach dem Ungarnaufstand im Jahr 1956 erlebte ich weitere Zerstörungen in meinem Heimatland und mußte in den Westen fliehen, und dort lernte ich, daß die meisten Menschen nicht nur in einem Zimmer leben. Der Aufstand begleitete mich mein Leben lang: Es war das erste Mal, daß ich sah, wie Menschen Tyrannen stürzen. Ich gab mir selbst den Namen meiner geliebten Heimatstadt, damit ich immer wissen möge, wer ich bin, egal, wo ich mich auch niederlasse.

Ich ging in Innsbruck zur Schule, begann dort mein Sprachstudium und wurde als internationale Studentin an der University of Chicago angenommen. Ich heiratete und gebar zwei Söhne, Làszló und Gàbor, die mir jetzt gute Freunde sind.

In Chicago studierte ich bei Viola Spolin, die mit ihrem Studio »Second City« die Pionierin der Improvisation war. Danach schloß ich Studien an der American Academy of Dramatic Arts (Akademie für dramatische Künste) in New York an.

Mein zweites Leben begann mit der Geburt der Frauenbefreiungsbewegung. Im Jahr 1970 begann ich, das Frausein zu untersuchen, und das brachte mich dazu, zu schreiben, Reden zu halten und Workshops zu leiten. Ich verband die Konzepte des Feminismus mit der Hexenkunst, und daraus wurde die mittlerweile große und vielfältige spirituelle Frauenbewegung geboren.

Ich arbeite weltweit. Mein neuestes Projekt ist das *International Goddess Festival* (Internationales Göttinnen-Festival), das die Spiritualität, die Musik und die Kultur von Frauen feiert.

Du kannst mir an die folgende Adresse schreiben:

The Women's Spirituality Forum
P. O. Box 11363
Oakland, CA 94611
USA

GOLDMANN

Hexen und Weise Frauen

Zsuzsanna E. Budapest,
Mond-Magie 12200

Sandra,
Hexenrituale 12193

Sandra,
Ich, die Hexe 12134

Starhawk, Der Hexenkult als Ur-Religion der Großen Göttin 12170

Goldmann · Der Taschenbuch-Verlag